Schnellanleitung

Richtig partitionieren

Andreas Petrausch

DATA BECKER

Copyright	© 2002 by DATA BECKER GmbH & Co. KG Merowingerstr. 30 40223 Düsseldorf
	2. Auflage 2003
E-Mail	buch@databecker.de
Reihenkonzeption **Produktmanagement**	Marc-André Petermann Silvia Dreger
Umschlaggestaltung	Inhouse-Agentur DATA BECKER
Textmanagement	Jutta Brunemann (jbrunemann@databecker.de) Korrektorat: Andreas Weiss
Textbearbeitung und Gestaltung	Andreas Quednau (www.AQuednau.de)
Produktionsleitung	Claudia Lötschert (cloetschert@databecker.de)
Druck	Clausen & Bosse, Leck

ISBN 3-8158-2241-6

Wichtiger Hinweis

Inhaltsverzeichnis

4. Datensicherung ist oberstes Gebot **67**

5. Die Systemfestplatte austauschen **100**

6. Mehrwertsystem: Zwei Betriebssysteme auf einer Festplatte **107**

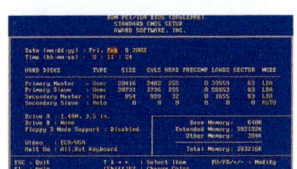

1. Festplatten formatieren und partitionieren mit Fdisk (DOS) für Windows 98/ME

Bevor es mit dem Partitionieren beginnen kann, erklären wir Ihnen nachfolgend die wichtigsten Begriffe, die Ihnen in dieser Schnellanleitung immer wieder begegnen werden.

MBR (Master Boot Record)

Wenn der PC gestartet wird, dann ist zunächst einmal nur das BIOS als Programm vorhanden. Das BIOS sucht dann das Bootdevice, also ein Laufwerk, von dem aus das Betriebssystem geladen und gestartet werden kann. Handelt es sich um die Festplatte, dann versucht das BIOS, auf der ersten Festplatte (Master) am primären IDE-Kanal den MBR zu finden. Der MBR ist der erste Sektor auf Spur 0 und Seite 0 einer Festplatte. In diesem Sektor befindet sich das Systemstartprogramm, das den Bootsektor der aktiven Partition lädt und somit das Betriebssystem einliest und startet. Auch stehen dort Informationen darüber, wie die Platte partitioniert ist.

Partitionstabelle

Im so genannten MBR steht auch die Partitionstabelle. In ihr werden für die maximal vier möglichen Partition der Festplatte wichtige Informationen abgespeichert. Die Informationen umfassen die Startposition der jeweiligen Partition und das Dateisystem, mit dem die Partition organisiert ist. Die Partitionstabelle steht zusammen mit dem MBR innerhalb des ersten Sektors der Festplatte. Sollte dieser Sektor überschrieben werden, dann kann man nur noch mit Profi-Tools und viel Glück eine Rekonstruktion der Festplattendaten versuchen. Bevor die so genannten Wurm-Viren ihren unrühmlichen Siegeszug begannen, waren die Viren sehr stark vertreten, die den MBR überschrieben – und damit auch die Partitionstabelle. Auch die erweiterte Partition verwendet eine Partitionstabelle.

Wenn der Rechner nicht will: Startdiskette erstellen

Startdiskette unter Windows 98/ME erstellen

1 Die Startdiskette unter Windows wird über die Systemsteuerung erstellt. Starten Sie das Programm, indem Sie das Menü *Start/Systemsteuerung* aufrufen.

2 Suchen Sie nun das Programm Software in der Systemsteuerung. Sie müssen hierzu eventuell die Bildlaufleiste nach unten schieben. Doppelklicken Sie dann auf das Programm mit der linken Maustaste.

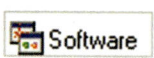

3 Das Fenster *Eigenschaften von Software* wird geöffnet. Dort klicken Sie auf die Schaltfläche *Diskette erstellen*. Sie müssen nun eine 3,5-Zoll-Diskette in das Diskettenlaufwerk einlegen. Anschließend werden die Daten auf die Diskette kopiert. Beschriften Sie diese Diskette, damit Sie diese im Notfall zur Verfügung haben.

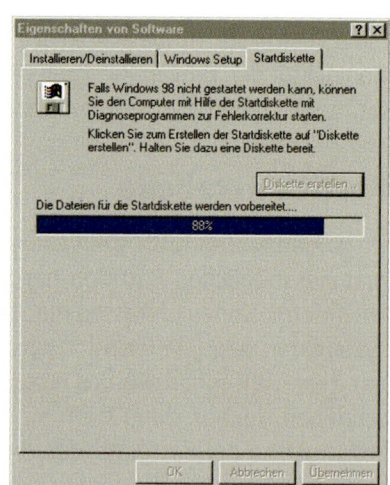

Tipp

Startdiskette unter Windows 98 auf DOS-Ebene erstellen

Es kann vorkommen, dass Sie an das Erstellen einer Startdiskette erst dann denken, wenn Windows sich nicht mehr starten lässt. Nun benötigen Sie aber beispielsweise die Programme Fdisk und Format. In einem solchen Fall starten Sie den Rechner im MS-DOS-Modus. Verzweigen Sie dann in das *Command*-Verzeichnis Ihres Windows-Verzeichnisses (beispielsweise cd *C:\Windows\Command*). Dort geben Sie den Befehl „bootdisk" ein. Danach wird dann die Bootdiskette erzeugt.

```
Geben Sie den Laufwerkbuchstaben des Diskettenlaufwerks an.
Drücken Sies 1 für A:
oder
2 für B:

Wählen Sie eine Option[1,2]?
```

Startdisketten für Windows 95/98/ME und Linux aus dem Internet

Wenn Sie keine Startdiskette erstellen können oder aber das System so verkorkst ist, dass ein Hochfahren nicht mehr möglich ist, dann können Sie vielleicht bei einem Freund oder über einen zweiten Rechner noch ins Internet kommen. Dort werden in dem deutschen Treiber-Forum für fast alle Windows-Versionen Startdisketten zum Download angeboten. Es handelt sich dabei um selbstextrahierende Dateien, die Sie automatisch auffordern, formatierte Disketten einzulegen.

Info

Treiber-Forum

http://www.treiber-forum.de/bootdisk/

Nur Startdisketten für Ihr Betriebssystem laden

Das Treiber-Forum weist darauf hin, dass Sie nur Bootdisketten laden dürfen, für dessen Betriebssystem Sie eine gültige Lizenz besitzen.

Fdisk – einfach, schnell und doch universell

Was für Windows XP die Datenträgerverwaltung ist, ist für Windows 98/ME das Programm Fdisk. Dieses Programm kann zwar nicht ganz so viel wie die Datenträgerverwaltung, aber es reicht aus, um Festplatten zu partitionieren bzw. logische Laufwerke zu definieren. Die so erstellten Partitionen bzw. logischen Laufwerke müssen dann allerdings noch mit einem Extra-Programm (Format) anschließend separat formatiert werden. Als Erstes müssen Sie entscheiden, wie Sie das Programm starten möchten. Es gibt grundsätzlich drei Möglichkeiten:

Fdisk unter Windows einsetzen

Wenn Sie eine neue Festplatte eingebaut haben, dann können Sie Fdisk auch direkt unter Windows 98/ME starten. Dies geht sehr einfach.

1 Das Programm wird unter Windows 98/ ME gestartet, indem Sie zunächst *Start/Ausführen* aufrufen. In dem erscheinenden Fenster geben Sie „Fdisk" ein. Klicken Sie anschließend auf die Schaltfläche *OK*. Der Bildschirm färbt sich schwarz. Nach kurzer Zeit sollten Sie dann das Menü von Fdisk sehen.

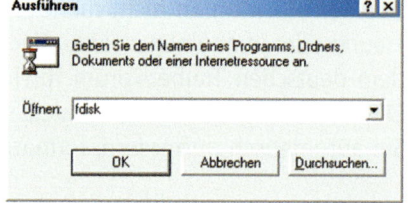

Fdisk unter MS-DOS starten

Sie können Fdisk auch starten, ohne Windows auszuführen. Dies kann notwendig sein, wenn Sie die Windows-Partition bearbeiten möchten.

1 Schalten Sie den Rechner ein. Sobald Sie sehen, dass der Speicher hochgezählt bzw. die Festplattenkonfiguration ausgegeben wird, drücken Sie die F8-Taste. Wenn der Rechner dabei piepst, ist der Tastaturpuffer voll. Lassen Sie dann die F8-Taste kurz los.

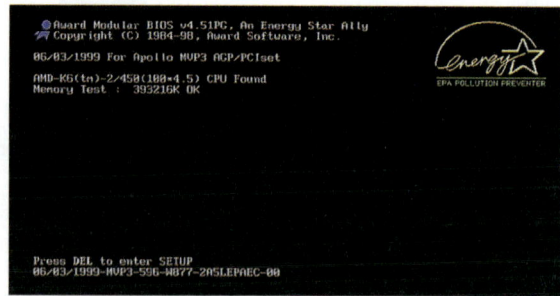

2 Das Startmenü sollte nun eingeblendet werden. Um in den MS-DOS-Modus zu gelangen, wählen Sie den Eintrag *Nur Eingabeaufforderung* aus. Sie können auch direkt die Zahl per Tastatur eingeben, die vor diesem Eintrag zu sehen ist.

```
Microsoft Windows 98 Start-Menü

   1. Normal
   2. Protokolliert (\BOOTLOG.TXT)
   3. Abgesicherter Modus
   4. Einzelbestätigung
   5. Nur Eingabeaufforderung
   6. Nur Eingabeaufforderung für abgesicherten Modus
   7. Vorherige MS-DOS-Version

Auswahl: 5




F5=Abgesichert  Umschalt+F5=Eingabeaufforderung  Umschalt+F8=Bestätigen [N]
```

3 Nun befinden Sie sich im MS-DOS-Modus. Die Eingabeaufforderung blinkt. Geben Sie den Befehl „Fdisk" ein. Danach drücken Sie die Enter-Taste.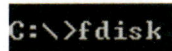

Fdisk mit Startdiskette starten

Wenn Sie eine neue Festplatte eingebaut haben, auf der sich kein Betriebssystem befindet, müssen Sie Fdisk von Diskette aus starten. Sie benötigen auf der Startdiskette also auch die Programme *Fdisk.exe* und *Format.com*. Mit Fdisk wird die Festplatte partitioniert und mit Format wird sie formatiert. Außerdem benötigen Sie einen CD-ROM-Treiber auf der Diskette, um später Windows über CD installieren zu können, falls Sie keine Windows-CD haben, von der Sie booten können.

Sie müssen, um von der Startdiskette zu starten, die Diskette in das Diskettenlaufwerk einlegen. Anschließend müssen Sie Windows neu starten. Sie verfahren dann so, wie unter „Fdisk unter MS-DOS starten" beschrieben. Sollte trotzdem von der Festplatte gebootet werden, dann schauen Sie mal beim BIOS vorbei.

Vorausgesetzt das Diskettenlaufwerk ist korrekt angeschlossen, dann sollten Sie einen Ausflug in das BIOS wagen. Sehen Sie sich dort den Eintrag für die so genannten Bootdevices an. Unter einem Bootdevice versteht man ein Laufwerk, von dem aus ein Betriebssystem geladen und gestartet werden kann. Unter den verschiedenen BIOS-Versionen der einzelnen Firmen finden Sie verschiedene Bezeichnungen für das Bootdevice. So kann dort auch *First Boot-Device* stehen. Sie müssen dort als

1. Festplatten formatieren und partitionieren mit Fdisk (DOS)

Bootdevice das Diskettenlaufwerk A: angeben. Einige BIOS-Versionen schlagen auch eine Bootreihenfolge vor. Auch in diesem Fall muss als Erstes in dieser Bootreihenfolge das Diskettenlaufwerk angegeben werden.

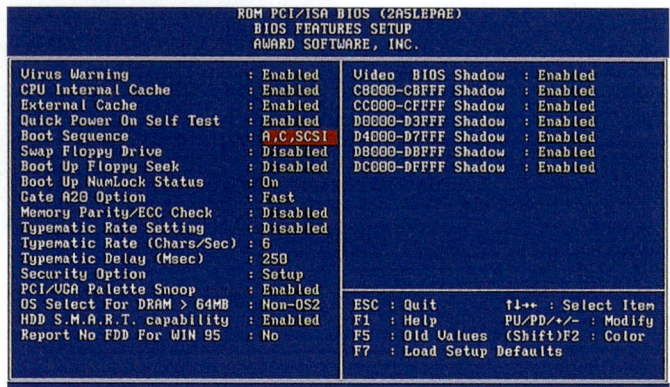

Erstaunlicherweise wird das Programm Fdisk beim Erstellen der Startdiskette unter Windows kopiert. Nicht aber das Programm Format. Dieses Programm benötigen Sie aber, um nach der Partitionierung die Festplatte zu formatieren. Deshalb kopieren Sie das Programm per Hand auf die Startdiskette. Hierzu gehen Sie wie folgt vor.

1 Öffnen Sie zunächst das Windows-Verzeichnis auf Ihrer System-Festplatte. In diesem Verzeichnis befindet sich der Ordner *Command*. Diesen Ordner öffnen Sie per Mausdoppelklick.

2 In dem Ordner finden Sie das Programm *Format.com*. Klicken Sie das Programm mit der linken Maustaste an. Anschließend drücken Sie die Tastenkombination (Strg)+(C), um den Verzeichnispfad in die Zwischenablage zu kopieren. Alternativ können Sie das Programm auch mit der rechten Maustaste anklicken. Aus dem erscheinenden Kontextmenü wählen Sie dann den Eintrag *Kopieren* aus.

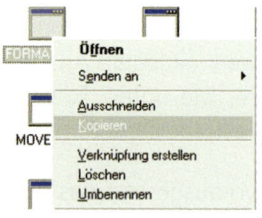

3 Öffnen Sie nun das Diskettenlaufwerk über den Arbeitsplatz. Drücken Sie anschließend die Tastenkombination [Strg]+[V], um die Datei *Format.com* auf das Diskettenlaufwerk zu kopieren. Alternativ können Sie mit der rechten Maustaste in das Fenster des Diskettenlaufwerks klicken und aus dem Kontextmenü *Einfügen* auswählen.

Wenn der Speicherplatz knapp wird

Tipp

Es kann sein, dass die Diskette das Programm *Format.com* nicht mehr aufnehmen kann, da zu wenig Speicher vorhanden ist. In diesem Fall löschen Sie die Datei *Readme.txt* zuerst. Versuchen Sie danach erneut, die Datei *Format.com* auf die Diskette zu kopieren. Sollte immer noch Speicherplatz fehlen, dann löschen Sie die Datei *Drvspace.bin*. Eine Datei löschen Sie ganz einfach. Klicken Sie die Datei mit der linken Maustaste an. Dann drücken Sie die [Entf]-Taste. Nach einer Sicherheitsabfrage ist die Datei dann wirklich gelöscht. Zumindest beim Diskettenlaufwerk. Bei Festplatten und einem aktiven Windows-Papierkorb wird die Datei in den Papierkorb des Laufwerks befördert. Erst nach dem Entleeren des Papierkorbs ist die Datei dann auch wirklich gelöscht.

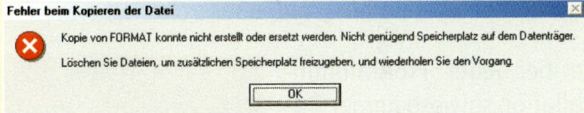

Partitionierungsszenarien

Bevor Sie nun mit dem Partitionieren beginnen, möchten wir Ihnen erst einmal ein paar Szenarien vorstellen, die den sinnvollen Einsatz von Partitionen zeigen sollen. In den folgenden Grafiken ist immer nur Laufwerk C: eingezeichnet, da dieses Laufwerk als Bootlaufwerk für das Betriebssystem eindeutig ist. Die anderen Partitionen werden verschiedene Laufwerkbuchstaben tragen, je nachdem, wie viele Festplatten eingebaut worden und wie die Partitionen auf den anderen Festplatten vergeben sind. Deshalb wurden hier keinen Laufwerke eingezeichnet. Grundsätzlich gilt, das für jedes Laufwerk eine andere Farbe verwendet worden ist. Ob Sie die Laufwerke in einzelnen primären Partitionen oder logische Laufwerke in einer erweiterten Partition erzeugen, ist hierbei nicht wichtig.

Windows 98/ME

Es ist sinnvoll das Betriebssystem, die zu installierenden Programme und die Da-

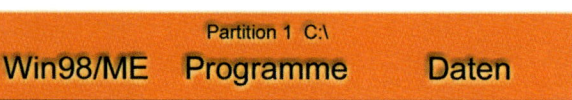

ten zu trennen. Sie können jedoch alles in einer primären Partition erzeugen. Dann liegen die Programme in dem Ordner *C:\Programme* und das Betriebssystem beispielsweise in dem Ordner *Win98*. Sie sollten Daten wie beispielsweise Bilddateien in einem extra Ordner auf dem Laufwerk abspeichern – etwa *C:\Daten*.

Wer es gern etwas aufgeräumter haben möchte, kann das Betriebssystem auf Lauf-

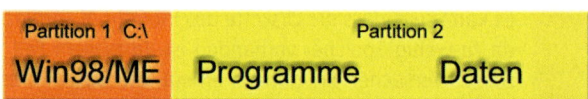

werk C: installieren. Achten Sie darauf, dass Sie mindestens eine Größe von 1 GByte wählen. Dies hängt damit zusammen, dass die Programme und Daten auf einem anderen Laufwerk installiert werden, aber bestimmte Programmteile immer in das Betriebssystemverzeichnis kopiert werden. Hierdurch schwillt das Verzeichnis mit dem Betriebssystem langsam, aber sicher an.

Da bei jeder Programminstallation sowieso immer Dateien in die Partition des Be-

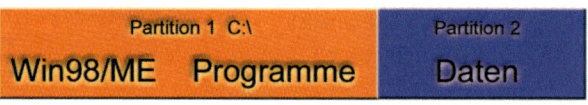

triebssystems kopiert werden, kann man auch die Betriebssystempartition und die Programme zusammenfassen – also in einer Partition. Lediglich die Daten werden in ein anderes Laufwerk ausgelagert.

Wenn Sie eine weitere Unterteilung wünschen, dann teilen Sie Ihre Festplatte in drei

Partitionen auf: eine Partition für das Betriebssystem, eine Partition für die zu installierenden Programme und eine Partition für die Daten.

Nach dem Starten von Fdisk

Sollte Ihre Festplatte mehr als 504 MByte Speicherkapazität haben, dann werden Sie zunächst einen Bildschirm sehen, der eine ziemlich lange Textmeldung enthält. Es geht eigentlich nur darum zu entscheiden, ob Sie das FAT32-System zum Partitionieren verwenden möchten. Dies sollten Sie auf alle Fälle mit *Ja* beantworten. Das alte FAT-Dateisystem kann nämlich nur Partitionen bis zu einer Größe von 2 GByte verwalten. Drücken Sie also die [J]-Taste, um das FAT32-Dateisystem zu aktivieren.

```
Die Kapazität der Festplatte dieses Computers übersteigt 512 MB.
Für solche Datenträger bietet diese Windows-Version eine erweiterte
Unterstützung, die eine effizientere Nutzung des Speicherplatzes ermöglicht.
Außerdem ermöglicht sie die Formatierung von Datenträgern mit mehr als
2 GB Speicherkapazität als einzelnes Laufwerk.

WICHTIG: Wenn Sie die Unterstützung aktivieren und neue Laufwerke auf der
Festplatte erstellen, ist es nicht möglich, auf diese mit anderen
Betriebssystemen zuzugreifen. Dies betrifft einige Versionen von Windows 95
und Windows NT sowie frühere Versionen von Windows und DOS. Außerdem
können Datenträgerprogramme, die nicht speziell für FAT32 ausgelegt
wurden, diesen Datenträger dann nicht verwenden. Aktivieren Sie die
Unterstützung für Datenträger mit hoher Speicherkapazität nicht,
wenn Sie darauf mit anderen Betriebssystemen oder älteren
Datenträgerprogrammen zugreifen möchten.

Unterstützung aktivieren (J/N)........................? [ ]

Ungültige Eingabe. J-N eingeben.
```

Sollten Sie keine FAT32-Partition installiert haben, dann werden Sie eventuell noch eine zweite Meldung erhalten. Geben Sie auch hier die [J]-Taste ein. Anschließend drücken Sie die [Enter]-Taste.

```
Die vorhandenen NTFS-Partitionen erfordern die Unterstützung großer
Laufwerke. Wenn Sie ein anderes Betriebssystem verwenden, z.B.
Windows NT, das große Laufwerke unterstützt, sollten
diese Partitionen als groß behandelt werden. HINWEIS: Wenn Sie J eingeben, und
die Partition falsch angezeigt wird oder der Computer
abstürzt, führen Sie FDISK erneut aus, und geben Sie N ein.

Sollen die NTFS-Partitionen auf allen Laufwerken als groß behandelt werden (J/
N
```

Viele Bilder und die vielen Enter

Info

Wundern Sie sich nicht darüber, dass wir wirklich jeden Schritt bei Fdisk dokumentieren. Auch das Erwähnen der [Enter]-Taste ist bei jedem Schritt dabei. Dies geschieht zu Ihrer Sicherheit. Sollten Verständnisschwierigkeiten auftreten, könnte das einen Datenverlust bedeuten. Deshalb werden in den nachfolgenden Anleitungen alle Schritte genau anhand von Text und Bild gezeigt.

Info

Esc-Taste geht immer

Wir weisen in den einzelnen Schrittanleitungen zu Fdisk nicht explizit darauf hin, dass Sie jede Eingabe mit der [Esc]-Taste abbrechen können. Diese Option steht Ihnen bei jeder Eingabe zur Verfügung. Befinden Sie sich im Hauptmenü von Fdisk und drücken dann die [Esc]-Taste, dann wird das Programm Fdisk beendet.

Primäre Partition erstellen

Eine primäre Partition benötigen Sie immer dann, wenn Sie Windows oder MS-DOS auf einer Festplatte installieren wollen, von der dann auch gebootet werden kann. Ist die Festplatte hingegen nur zum Speichern von Daten vorgesehen, dann können Sie auch auf eine primäre Partition verzichten. In diesem Fall können Sie jedoch die Festplatte nicht zum Booten eines Betriebssystems einsetzen.

Info

Partitionen allgemein

Eine Festplatte kann in mehrere Bereiche zerlegt werden. Diese Bereiche nennt man Partition. Sie können auf einer Festplatte maximal vier Partitionen unterbringen, wovon allerdings nur eine als erweiterte Partition eingerichtet werden kann. Theoretisch können Sie aber auch vier primäre Partitionen auf der Festplatte einrichten. Mit dem Programm Fdisk (DOS) gibt es allerdings nur die Möglichkeit, eine primäre und eine erweiterte Partition einzurichten.

Entry No	System	Boot	Starting			Ending			Relative Start Sector	Total Sectors
			Cylinder	Head	Sector	Cylinder	Head	Sector		
1	FAT32	Yes	x000 0	x01 1	x01 1	x1FD 509	xFE 254	x3F 63	x0000003F 63	x007D043F 8193087
2	DOS Extended LBA	No	x1FE 510	x00 0	x01 1	x3FF 1023	xFE 254	x3F 63	x007D047E 8193150	x01E366B4 31680180
3	Free	No	x000 0	x00 0	x00 0	x000 0	x00 0	x00 0	x00000000 0	x00000000 0
4	Free	No	x000 0	x00 0	x00 0	x000 0	x00 0	x00 0	x00000000 0	x00000000 0

Info

Primäre Partition

Innerhalb einer primären Partition können Sie nur ein Laufwerk einrichten. Dieses Laufwerk umfasst also die gesamte primäre Partition. Sie können pro Festplatte maximal vier primäre Partitionen einrichten. Von einer primären Partition kann gebootet werden.

1 Sollten Sie mehr als eine Festplatte in Ihren PC eingebaut haben, dann wählen Sie im Menü von Fdisk die Option *5. Aktuelle Festplatte wechseln* aus. Bestätigen Sie Ihre Auswahl wie üblich durch Drücken der (Enter)-Taste. Es werden dann alle Festplatten angezeigt, die an Ihrem Rechner angeschlossen sind. Sollten bereits Laufwerkbuchstaben angegeben sein, dann handelt es sich um eine Festplatte, die bereits Laufwerke enthält. Passen Sie deshalb auf, dass Sie nicht die falsche Festplatte angeben. Festplatte 1 muss immer die Systemfestplatte sein, also die Festplatte, von der das System gebootet wird. Leider können wir Ihnen nicht angeben, wie die anderen Festplatten aufgeteilt sind, da man generell nicht sagen kann, Festplatte 2 ist das Slave-Laufwerk am ersten IDE-Kanal. Sobald nämlich ein CD-Laufwerk dazwischen hängt, wird dieser IDE-Kanal übersprungen. Notfalls müssen Sie im BIOS ablesen, welche Festplatte an welchem IDE-Kanal hängt.

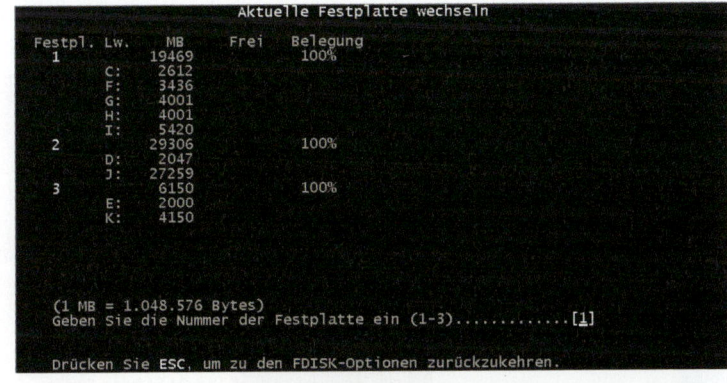

2 Wählen Sie im Menü von Fdisk die Option *1. DOS-Partition oder logisches DOS-Laufwerk erstellen* aus. Bestätigen Sie Ihre Auswahl wie üblich durch Drücken der (Enter)-Taste.

Logisches Laufwerk

Logische Laufwerke werden in der erweiterten Partition einer Festplatte erzeugt. Sehr oft werden logische Laufwerke auch als Partition beschrieben. Das ist auch gar nicht so abwegig, weil man sich beim Erzeugen von logischen Laufwerken eines Tricks bedient. Am Anfang der erweiterten Partition befindet sich der Partitionssektor, der wie der MBR (Master Boot Record) aufgebaut ist, allerdings nur die Partitionstabelle ohne MBR enthält. In der Partitionstabelle des Partitionssektors können vier Partitionen eingetragen werden. Es werden aber tatsächlich nur zwei Partitionen eingetragen. Der Eintrag für die erste Partition zeigt auf die Position des logischen Laufwerks, der zweite Eintrag zeigt auf die Position einer weiteren erweiterten Partition. In dieser Partition wiederum ist auch ein Partitionssektor untergebracht, der ebenfalls die beiden Einträge in der Partitionstabelle nutzt, auf das logische Laufwerk selbst und die nächste erweiterte Partition zu zeigen.

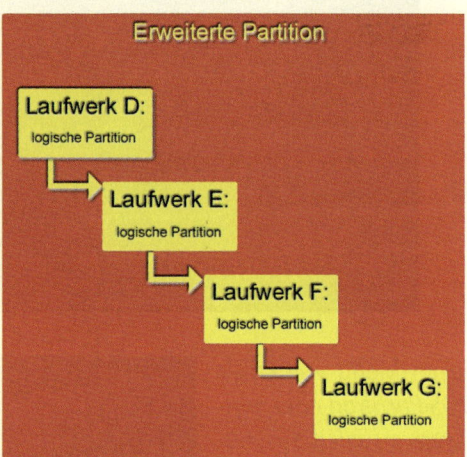

Es handelt sich also um eine Verkettung von erweiterten Partitionen. Nur im MBR wird der gesamte belegte Speicherplatz aller erweiterten Partitionen als eine erweiterte Partition eingetragen, die sozusagen der Container für alle anderen erweiterten Partitionen ist. Sie sollten nicht zu viele logische Laufwerke anlegen, da durch die Verkettung der Datenzugriff auch mit einem schnellen Rechner verlangsamt wird. Ein weiteres Problem der Verkettung der erweiterten Partitionen ist, dass, wenn innerhalb der Kette ein Fehler in der Partitionstabelle auftritt, die nachfolgenden erweiterten Partitionen nicht mehr lesbar sind. Hinzu kommt, dass, wenn Sie unter Fdisk (Linux) die erweiterte Partition löschen, die „offiziell" in der Partitionstabelle des MBR eingetragen ist, alle anderen erweiterten Partitionen, die ja jeweils ein logisches Laufwerk beheimaten, gelöscht werden.

3 In dem nächsten Menü wählen Sie *1. Primäre DOS-Partition erstellen* aus. Im Anschluss drücken Sie die (Enter)-Taste.

```
Aktuelle Festplatte: 4

Wählen Sie eine der folgenden Optionen:

1. Primäre DOS-Partition erstellen
2. Erweiterte DOS-Partition erstellen
3. Logisches DOS-Laufwerk in der erweiterten DOS-Partition erstellen


Optionsnummer eingeben: [1]
```

4 Es dauert eine Weile, bis der zur Verfügung stehende Speicherplatz ermittelt worden ist. Je größer die Festplatte ist, desto länger dauert diese Prozedur. Auf die anschließende Frage *Soll der maximal verfügbare Speicherplatz für die primäre DOS-Partition reserviert werden* antworten Sie mit einem N, damit Sie selbst die Größe der Partition bestimmen können.

```
Soll der maximal verfügbare Speicherplatz für die primäre DOS-Partition
reserviert werden (J/N)...............................? [N]
```

Windows und Programme trennen?

Wenn Sie ein Multiboot-System einrichten, auf dem beispielsweise Windows ME und Windows XP eingerichtet sind, dann ist es sinnvoll, die Programme wie Microsoft Office auf einer extra Partition liegen zu haben, die im FAT32 vorliegt. Dann können Sie Windows XP auch mit dem NTFS-Dateisystem betreiben. Sie richten Microsoft Office unter beiden Betriebssystemen im gleichen Verzeichnis eines anderen Laufwerks (beispielsweise E:) ein. Der Vorteil ist, dass die Programme nur einmal vorhanden sind und hierdurch Speicherplatz gespart werden kann.

Sollten Sie hingegen kein Multiboot-System betreiben, sondern nur Windows XP , dann ist eine andere Konfiguration empfehlenswert. Bei modernen Platten ist oft nicht mehr die Platte, sondern das dahinterliegende IDE-Controller-System und das Einlesen der Dateitabelle des Dateisystems der geschwindigkeitsausbremsende Engpass. Liegen die Partitionen für Windows XP, Programme und Daten zudem noch auf ein und derselben Platte oder auf zwei Laufwerken, die an einem Controller hängen, so bremst das gesamte System deutlich aus. Windows XP läuft z. B. deutlich schneller, wenn man auch (entgegen früherer Empfehlungen) die Auslagerungsdatei auf der Systempartition anlegt. Die einzig sinnvolle Trennung ist die der Daten von den Programmen und Windows

Info

1. Festplatten formatieren und partitionieren mit Fdisk (DOS)

5 Nun müssen Sie noch die gewünschte Größe in MByte eingeben. In dem Beispiel werden „1000" MByte eingegeben, was gleichbedeutend mit 1 GByte ist. Sie können nen aber auch kleinere oder größere Werte eingeben. Allerdings darf der eingegebene Speicherplatz nicht größer sein als der maximal auf der Partition verfügbare Speicherplatz.

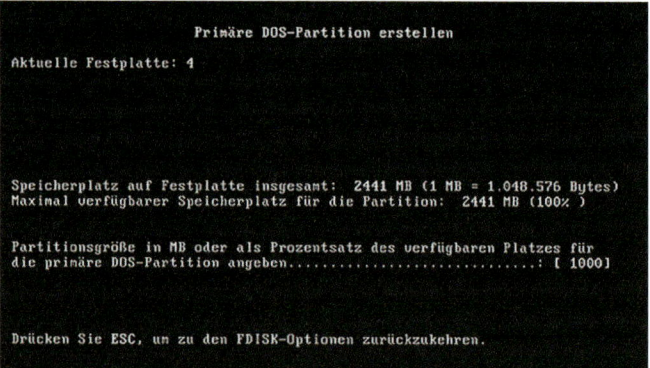

6 Anschließend werden Ihnen die Daten zur Partition angezeigt. Ganz vorn sehen Sie den der Partition zugewiesenen Laufwerkbuchstaben. Den sollten Sie sich merken. Falls Sie nämlich unter MS-DOS formatieren, benötigen Sie diese Angabe. Die Bezeichnung können Sie später noch unter Windows eingeben. Das System ist unbekannt (*unknown*). Dies ändert sich, sobald die Festplatte formatiert worden ist.

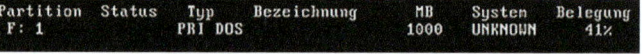

7 Nun ist es fast geschafft. Jedoch sollten Sie die primäre Partition noch aktivieren. Dies ist wichtig, wenn die Festplatte das Windows-Betriebssystem aufnehmen soll und deshalb bootfähig sein muss. Wählen Sie im Hauptmenü den Eintrag *2. Aktive Partition festlegen* aus.

Info

Aktive Partition

Sie können maximal vier primäre Partitionen auf einer Festplatte einrichten. Von einer dieser Partitionen muss dann das Betriebssystem bzw. der Boot-Manager geladen werden. Damit das BIOS weiß, welche der primären Partitionen die zu bootende ist, muss diese Partition als aktiv gekennzeichnet werden.

8 Nun müssen Sie die Partition angeben, die aktiviert werden soll. Das sollte die primäre Partition sein. Geben Sie diese Partition ein. Sie sehen im oberen Fensterdrittel alle eingerichteten Partitionen. Vor jeder Partition steht eine Zahl. Geben Sie die entsprechende Zahl für die primäre Partition ein. Bestätigen Sie wie immer mit der Enter-Taste.

```
                    Aktive Partition festlegen

Aktuelle Festplatte: 1

Partition   Status   Typ      Bezeichnung      MB      System   Belegung
  C: 1        A      PRI DOS  MS-DOS_6        2047     FAT16      11%
     2               EXT DOS                 17422                89%


Speicherplatz auf Festplatte insgesamt: 19469 MB (1 MB = 1.048.576 Bytes)

Geben Sie die Nummer der zu aktivierenden Partition ein:.... [1]




Drücken Sie ESC, um zu den FDISK-Optionen zurückzukehren.
```

Info

Das Problem bei der Aktivierung

Fdisk kann nur Partitionen aktivieren, die auf dem Laufwerk 1 liegen. Vielleicht fragen Sie sich jetzt, was Laufwerk 1 ist. Laufwerk 1 ist das erste Laufwerk auf dem primären IDE-Kanal. Es handelt sich also um das Laufwerk C:. Es wird auch als erstes Masterdrive bezeichnet. Sie müssen also die neue Festplatte zum Aktivieren wohl oder übel als erstes Masterdrive anstecken. Da hierfür jedoch einige Schritte notwendig sind, haben wir diesen Vorgang in einem eigenen Kapitel beschrieben. Lesen Sie hierzu das Kapitel „Die System-Festplatte austauschen".

```
Nur Partitionen auf Laufwerk 1 können aktiviert werden.
Weiter mit ESC
```

Primäre Partition löschen

Tipp

Niemals die Bootpartition (Laufwerk C:) löschen

Wenn Sie Fdisk einsetzen, um die Bootpartition zu löschen, dann kann es brenzlig werden. Löschen Sie nämlich die Bootpartition, dann löschen Sie auch Fdisk, MS-DOS und den Bootsektor. Alle diese Daten werden nämlich auf dem Bootlaufwerk (Laufwerk C:) gespeichert. Der Erfolg der Aktion wäre zunächst einmal, dass der Rechner abstürzen könnte. Das muss nicht der Fall sein. Allerdings wird nach dem Beenden von Fdisk das System nicht mehr die Systemdateien finden. Sie müssen den Rechner neu starten. Danach werden Sie Fehlermeldungen erhalten wie *No System Disk*. Sollten Sie über keine Bootdiskette verfügen, dann können Sie nicht mehr an das System heran. Sie brauchen dann folgende Sachen:

1. Eine Windows-Startdiskette

2. Windows 98/ME-CD

3. Die Befehle *Fdisk* und *Format* auf der Startdiskette

Sollte Ihr System als Bootdevice (Laufwerk, von dem ein Betriebssystem gestartet werden kann) das CD-ROM-Laufwerk unterstützen, dann geht es etwas einfacher, da Sie dann den CD-ROM-Treiber nicht benötigen, sofern Sie direkt von der CD booten. Achten Sie darauf, dass der CD-ROM-Treiber vorhanden und korrekt eingebunden ist.

1 Wählen Sie im Menü von Fdisk die Option *3. Partition oder logisches DOS-Laufwerk löschen* aus. Bestätigen Sie Ihre Auswahl wie üblich durch Drücken der Enter-Taste.

2 In dem nur erscheinenden Menü wählen Sie die Option *1. Primäre DOS-Partition löschen* aus. Wie immer schließen Sie Ihre Eingabe durch Drücken der Enter-Taste ab.

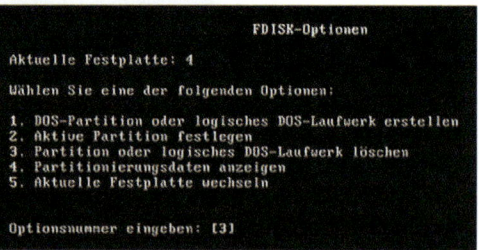

3 Nun müssen ein paar Angaben gemacht werden. Zuerst geben Sie die Nummer der zu löschenden primären Partition ein. Das ist meistens immer 1, da mit Fdisk sowieso nur eine primäre Partition erstellt werden kann. Schließen Sie die Eingabe durch Drücken der Enter-Taste ab. Danach geben Sie die Datenträgerbezeichnung ein. Tippen Sie hierzu einfach den Eintrag unter *Bezeichnung* im oberen Fensterdrittel an. Steht dort nichts, dann drücken Sie einfach die Enter-Taste. Zum Schluss erfolgt dann die Sicherheitsabfrage. Geben Sie J ein, wenn Sie sich sicher sind. Sonst geben Sie N ein. Und nicht die Enter-Taste vergessen.

```
                       Primäre Partition löschen

      Aktuelle Festplatte: 4

      Partition  Status   Typ     Bezeichnung      MB    System   Belegung
        F: 1              PRI DOS                  1000   UNKNOWN    41%



      Speicherplatz auf Festplatte insgesamt:  2441 MB (1 MB = 1.048.576 Bytes)



              Daten der gelöschten primären DOS-Partition gehen verloren.
      Welche primäre Partition möchten Sie löschen? [1]
      Datenträgerbezeichnung eingeben................? [            ]
      Sind Sie sicher (J/N)..........................? [J]

      Drücken Sie ESC, um zu den FDISK-Optionen zurückzukehren.
```

Partitionen mit Fdisk unter Windows löschen

Tipp

Wenn Sie Partitionen löschen möchten, die bereits beim Systemstart vorhanden waren, dann hat

```
Datenträger ist nicht gesperrt. Kein Partitionswechsel möglich.
Weiter mit ESC
```

Windows etwas dagegen. Sie werden in diesem Fall wahrscheinlich die hier abgebildete Fehlermeldung erhalten.

In diesem Fall sollten Sie Windows beenden. Wählen Sie als Option *Im MS-DOS-Modus neu starten* aus. Sobald Sie die Eingabeaufforderung sehen, geben Sie „Fdisk" gefolgt von der Enter-Taste ein.

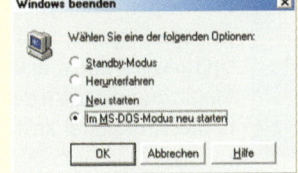

Erweiterte Partition erstellen/löschen

Das Erstellen einer erweiterten Partition funktioniert fast genauso wie das Erstellen einer primären Partition. Ähnlich verhält es sich mit dem Löschen einer erweiterten Partition. Deshalb lesen Sie sich die Schrittanleitung zum Erstellen und Löschen einer primären Partition durch. Sie müssen lediglich in den Auswahlmenüs statt der Option für die primäre Partition die Option für die erweiterte Partition verwenden.

Info

Erweiterte Partition

Eine erweiterte Partition ist ähnlich wie eine primäre Partition aufgebaut. Innerhalb einer erweiterten Partition können Sie bis zu 23 logische Laufwerke (bzw. logische Partitionen) mit jeweils einem eigenen Laufwerkbuchstaben anlegen. Innerhalb der erweiterten Partition wird für jedes logische Laufwerk wieder eine neue erweiterte Partition angelegt. Diese Partitionen sind jeweils durch eine eigene Partitionstabelle miteinander verknüpft. Die logischen Laufwerke sind also ineinander verschachtelt. Von einer erweiterten Partition kann nicht gebootet werden.

Logische Laufwerke erstellen

Der Vorteil einer erweiterten Partition ist, dass Sie mehrere logische Laufwerk innerhalb dieser Partition erzeugen können. Wir werden nachfolgend zwei logische Laufwerke innerhalb der erweiterten Partition anlegen. Sie müssen vor dem Anlegen von logischen Laufwerken aber erst eine erweiterte Partition angelegt haben.

Info

Logisches Laufwerk oder logische Partition

Die Begriffe „logisches Laufwerk" und „logische Partition" sind einander gleichzusetzen. Das ist auch gar nicht so abwegig, weil man sich beim Erzeugen von logischen Laufwerken eines Tricks bedient. Es wird nämlich innerhalb der erweiterten Partition für jedes logische Laufwerk eine neue erweiterte Partition angelegt. Diese Partitionen sind jeweils durch eine eigene Partitionstabelle miteinander verknüpft. Da PartitionMagic grundsätzlich den Begriff „logische Partition" verwendet, wird dieser Begriff auch in diesem Kapitel anstatt „logisches Laufwerk" verwendet.

1 Wählen Sie im Menü von Fdisk die Option *1. DOS-Partition oder logisches DOS-Laufwerk erstellen*. aus. Bestätigen Sie Ihre Auswahl wie üblich durch Drücken der Enter-Taste.

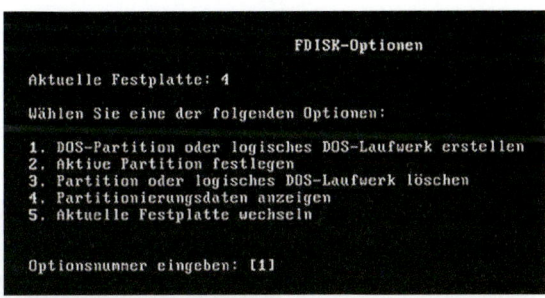

2 In dem Nachfolgemenü wählen Sie den Eintrag *3. Logisches DOS-Laufwerk in der erweiterten DOS-Partition erstellen* aus. Vergessen Sie die Enter-Taste nicht.

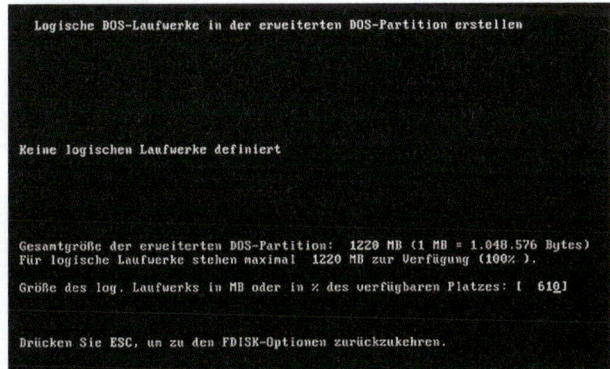

3 Die Partition wird nun kurz überprüft. Anschließend werden die Daten zur Partition eingeblendet. Es wird auch die zur Verfügung stehende Größe für das logische Laufwerk angezeigt. Da zwei logische Laufwerke erzeugt werden sollen, wird nur die Hälfte der zur Verfügung stehenden Gesamtgröße für das erste Laufwerk verwendet. Geben Sie die Größe ein. Sie können den vorgegebenen Wert durch Drücken der Rück-Taste löschen.

```
       Logische DOS-Laufwerke in der erweiterten DOS-Partition erstellen




   Keine logischen Laufwerke definiert




   Gesamtgröße der erweiterten DOS-Partition:  1220 MB (1 MB = 1.048.576 Bytes)
   Für logische Laufwerke stehen maximal  1220 MB zur Verfügung (100% ).

   Größe des log. Laufwerks in MB oder in % des verfügbaren Platzes: [ 610]


   Drücken Sie ESC, um zu den FDISK-Optionen zurückzukehren.
```

4 Das logische Laufwerk wird nun erstellt. Danach sehen Sie den gleichen Bildschirm wieder. Sie können nun weitere logische Laufwerke erstellen. Dabei wird immer der noch zur Verfügung stehende Speicherplatz angezeigt. In unserem Beispiel wird ein zweites Laufwerk erstellt. Sie können aber auch das Erstellen von weiteren logischen Laufwerken beenden, indem Sie die Esc-Taste drücken. Sie können übrigens im oberen Fensterteil sehen, welchen Laufwerkbuchstaben das jeweils zuletzt erstellte logische Laufwerk erhalten hat.

```
        Logische DOS-Laufwerke in der erweiterten DOS-Partition erstellen

Lw. Bezeichnung      MB  System    Belegung
N:                  610  UNKNOWN     50%











    Gesamtgröße der erweiterten DOS-Partition:  1220 MB (1 MB = 1.048.576 Bytes)
    Für logische Laufwerke stehen maximal   609 MB zur Verfügung ( 50% ).

    Größe des log. Laufwerks in MB oder in % des verfügbaren Platzes: [ 609]

    Logisches DOS-Laufwerk erstellt, Laufwerknamen geändert/hinzugefügt.

    Drücken Sie ESC, um zu den FDISK-Optionen zurückzukehren.
```

Logische Laufwerke löschen

1 Wählen Sie im Menü von Fdisk die Option *3. Partition oder logisches DOS-Laufwerk löschen* aus. Bestätigen Sie Ihre Auswahl wie üblich durch Drücken der Enter-Taste.

```
                    FDISK-Optionen
Aktuelle Festplatte: 4

Wählen Sie eine der folgenden Optionen:

1. DOS-Partition oder logisches DOS-Laufwerk erstellen
2. Aktive Partition festlegen
3. Partition oder logisches DOS-Laufwerk löschen
4. Partitionierungsdaten anzeigen
5. Aktuelle Festplatte wechseln


Optionsnummer eingeben: [3]
```

2 In dem nun erscheinenden Menü wählen Sie die Option *3. Logisches DOS-Laufwerk in der erweiterten DOS-Partition löschen*. Wie immer schließen Sie Ihre Eingabe durch Drücken der Enter-Taste ab.

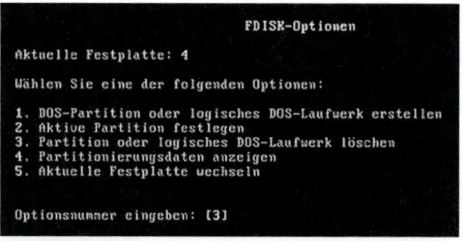

```
        DOS-Partition oder logisches DOS-Laufwerk löschen
Aktuelle Festplatte: 4

Wählen Sie eine der folgenden Optionen:

1.  Primäre DOS-Partition löschen
2.  Erweiterte DOS-Partition löschen
3.  Logisches DOS-Laufwerk in der erweiterten DOS-Partition löschen
4.  Nicht-DOS-Partition löschen


Optionsnummer eingeben: [_]
```

3 Anschließend werden alle logischen Laufwerke unter *Lw* eingeblendet, die auf der erweiterten Partition eingerichtet worden sind. Sie müssen zuerst den Laubwerks-buchstaben des zu löschenden Laufwerks angeben. Den Doppelpunkt hinter dem Laufwerkbuchstaben müssen Sie aber nicht mit eingeben. Drücken Sie dann die Enter-Taste. Nun müssen Sie zur Sicherheit auch die Datenträgerbezeichnung des Laufwerks eingeben. Diesen Eintrag finden Sie auf dem Bildschirm unter der Rubrik *Bezeichnung*. Tippen Sie den Eintrag ab. Bestätigt wird wieder über die Enter-Taste.

```
      Logisches DOS-Laufwerk in der erweiterten DOS-Partition löschen

Lw. Bezeichnung       MB   System   Belegung
N:  FAT32 LAUFW     1220   FAT32    100%






Gesamtgröße der erweiterten DOS-Partition:  1220 MB (1 MB = 1.048.576 Bytes)

           Daten des gelöschten logischen DOS-Laufwerks gehen verloren.
Welches Laufwerk soll gelöscht werden........................? [N]
Datenträgerbezeichnung eingeben...............? [FAT32 LAUFW]

Drücken Sie ESC, um zu den FDISK-Optionen zurückzukehren.
```

Logische Laufwerke vor Partition löschen

```
Erweiterte DOS-Partition mit logischem Laufwerk ist nicht löschbar.

Weiter mit ESC
```

Wenn Sie die abgedruckte Fehlermeldung erhalten, dann haben Sie wahrscheinlich versucht, eine Partition zu löschen, die noch logische Laufwerke enthält. In diesem Fall müssen Sie zunächst alle logischen Laufwerke entfernen. Erst danach können Sie die Partition löschen.

4 Nun erscheint die letzte Möglichkeit zum Abbrechen der Prozedur. Sollten Sie jetzt

```
Welches Laufwerk soll gelöscht werden........................? [N]
Datenträgerbezeichnung eingeben...............? [FAT32 LAUFW]
Sind Sie sicher (J/N).........................? [J]

Drücken Sie ESC, um zu den FDISK-Optionen zurückzukehren.
```

J eingeben und mit der Enter-Taste bestätigen, dann ist das Laufwerk gelöscht. Vergewissern Sie sich also, dass Sie die richtige Festplatte und das richtige Laufwerk ausgewählt haben. Sollten Sie sich nicht sicher sein, dann geben Sie N ein.

5 Wenn Sie diese Meldung sehen, dann ist das Laufwerk unwiederbringlich gelöscht. Nur noch mit speziellen Tools könnte man eine Datenrettung versuchen. Aber hierzu ist diese Schnellanleitung nicht geschrieben worden. Drücken Sie zum Abschluss die [Esc]-Taste.

```
Alle logischen Laufwerke in der erweiterten DOS-Partition gelöscht.
```

NTFS-Partition löschen

Das Programm Fdisk kann auch NTFS-Partitionen von Windows NT löschen, jedoch keine NTFS-Partition erstellen. Allerdings gilt das nicht für die erweiterte Version NTFS 5 von Windows XP (und Windows 2000). NTFS 5 kann nicht von Fdisk gelöscht werden, wenn diese Partition bereits Daten enthält oder geschützt wurde. Sie können aber diese Partition mit PartitionMagic (Infos unter: http://www.power quest.com) löschen. Alternativ bietet sich die Umwandlung in eine FAT32-Partition über die Wiederherstellungskonsole von Windows XP an. Anschließend können Sie diese Partition mit Fdisk bearbeiten. Wie Sie eine leere und ungeschützte NTFS-Partition löschen, zeigen wir Ihnen jetzt.

Info

Dateisysteme

Sie können eine Partition nur dann nutzen, wenn ihr ein Dateisystem zugewiesen worden ist. Ein Dateisystem ist für die Organisation der Daten auf dem Datenträger zuständig. Die bekanntesten Dateisysteme, wie sie für den Betrieb von DOS/Windows zum Einsatz kommen, stellen wir Ihnen nun kurz vor.

- *FAT/FAT16 File Allocation Table*
  Dieses Dateisystem kann getrost in die Mottenkiste zurückgelegt werden. Lediglich Windows 95A und ältere MS-DOS-Versionen benötigen dieses Dateisystem. Es hat den gravierenden Nachteil, dass es nur Partitionsgrößen von bis zu 2 GByte verwalten kann. Bei heutigen Festplatten von bis zu 100 GByte würden das bis zu 50 Partitionen ergeben.

- *FAT32*
  Kurz nach Windows 95A wurde das FAT32-System zusammen mit Windows 95b eingeführt Dieses Dateisystem können alle Windows-Versionen verwenden (außer Windows 95A). Wenn Sie also ein Windows 98/ME-System installieren möchten, dann ist FAT32 das richtige Dateisystem.

- NTFS/NTFS5 *New Technology File System*
  Seit Windows NT hat sich das NTFS-Dateisystem bewährt. Mit der Version 5 wurden zwei Neuerungen eingeführt Es ist möglich, Dateien und Ordner zu komprimieren (Info: Das ging vorher auch schon) oder zu verschlüsseln. Die Dateien werden dann beim Schreiben auf das Laufwerk entweder gepackt oder aber verschlüsselt. Beim Lesen der Dateien wird die jeweilige Prozedur dann umgekehrt.

1 Wählen Sie im Menü von Fdisk den Eintrag *3. Partition oder logisches DOS-Laufwerk* löschen aus. Vergessen Sie nicht, nach der Auswahl die (Enter)-Taste zu drücken.

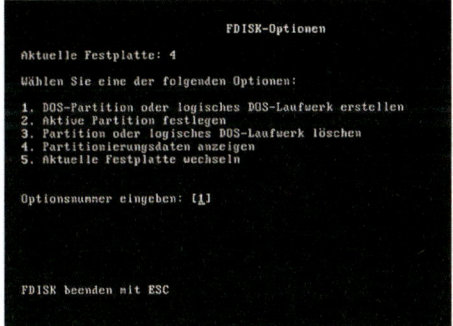

2 Wählen Sie im nachfolgenden Menü von Fdisk die Option *4. Nicht-DOS-Partition löschen* aus. Drücken Sie anschließend die (Enter)-Taste.

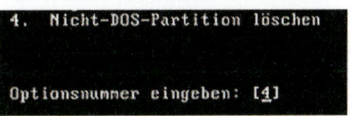

3 Nun müssen Sie die Partition auswählen, auf der sich das NTFS-Dateisystem befindet. In Beispielbild ist das die erste Partition. Anschließend müssen Sie das Löschen der Partition bestätigen. Geben Sie (J) ein, wenn Sie sich sicher sind. Ansonsten lassen Sie *N* stehen und drücken die (Enter)-Taste. Falls die Partition von Ihnen mit einer Bezeichnung versehen war, werden Sie aufgefordert, diese Bezeichnung einzugeben. Sie müssen diese Bezeichnung dann nur vom Bildschirm abtippen.

Laufwerk formatieren

Hoffentlich haben Sie sich alle Laufwerke aufgeschrieben, die Sie eingerichtet haben. Wenn nicht, dann wählen Sie im Hauptmenü von Fdisk die Option *4. Partitionierungsdaten anzeigen* aus. Dort werden dann alle erzeugten Laufwerke angezeigt. Nehmen Sie sich einen Kugelschreiber zur Hand, um die Laufwerke und den ihnen zugewiesenen Laufwerkbuchstaben aufzuschreiben. Sie benötigen diese Angaben, um jetzt das Laufwerk zu formatieren.

Laufwerk formatieren unter DOS

Starten Sie den Rechner im MS-DOS-Modus. Geben Sie dann folgenden Befehl ein:

Format X:

Ein *X:* steht für den Laufwerkbuchstaben des zu formatierenden Laufwerks.

Soll das Laufwerk als Bootlaufwerk für MS-DOS dienen, dann geben Sie den folgenden Befehl ein:

Format C: /s

Mit /*s* werden die Systemdateien übertragen, um die Partition bootfähig zu machen.

Laufwerk formatieren unter Windows

Sobald Sie die Partition eingerichtet haben, starten Sie den Rechner neu. Nachdem Windows hochgefahren worden, ist, sehen Sie das Laufwerk bereits im Arbeitsfenster. Klicken Sie das Laufwerk mit der rechten Maustaste an. Im anschließenden Kontextmenü wählen Sie den Eintrag *Formatieren* aus.

2. Festplatte formatieren und partitionieren mit Windows XP

Sie macht von jedem ein wenig und ist für den Hobby-Administrator eine wichtige Unterstützung bei allen Festplattenangelegenheiten: die Datenträgerverwaltung von Windows XP. Mit diesem Programm ist es nicht nur möglich, sich einen Überblick über alle Laufwerke und deren Belegung zu verschaffen. Sie können außerdem auch Ihre Datenträger optimieren, Laufwerkbuchstaben zuordnen bzw. ändern, Partitionen anlegen oder löschen und vieles mehr. In diesem Kapitel haben wir die interessantesten Features für Sie zusammengestellt.

Für das Aufteilen der Festplatte in Partitionen für das Betriebssystem, den zu installierenden Programmen und den zu verarbeitenden Daten haben wir in dem Kapitel „Festplatten formatieren und partitionieren mit Fdisk (DOS) für Windows 98/ME" bereits Vorschläge in dem Abschnitt „Partitionierungsszenarien" gemacht. Diese Vorschläge wurden dort zwar für Windows 98/ME gemacht, sie haben für das Betriebssystem Windows XP aber die gleiche Gültigkeit.

Damit nicht jede Schrittanleitung mit dem Aufrufen der Datenträgerverwaltung beginnt, wird dieser Arbeitsschritt in der ersten Anleitung einzeln vorgestellt. Die nachfolgenden Anleitungen bauen dann auf dieser ersten Schrittfolge auf.

Datenträgerverwaltung aufrufen

Beginnen wir also zuerst mit dem Aufrufen der Datenträgerverwaltung.

1 Klicken Sie mit der rechten Maustaste auf den *Arbeitsplatz*. Ein Kontextmenü wird angezeigt. Bewegen Sie die Maus auf den Eintrag *Verwalten*. Dort angekommen, drücken Sie die linke Maustaste. Alternativ können Sie nach dem Erscheinen des Kontextmenüs auch die [V]-Taste und anschließend die [Enter]-Taste drücken.

2 Das Fenster für die Computerverwaltung erscheint. Klicken Sie mit der Maus auf den Eintrag *Datenspeicher* in der linken Fensterspalte. Es erscheinen dann im rechten Fenster drei Programmeinträge. Der erste Eintrag *Wechselmedien* dient zur Verwaltung von CD-Laufwerken, ZIP-Laufwerken oder JAZZ-Laufwerken. Ein weiteres wichtiges Tool ist das Systemprogramm Defragmentieren, das Sie als zweiten Eintrag auf der Liste sehen. Mit diesem Tool können Sie Festplattenzugriffe beschleunigen, indem die Daten auf den einzelnen Laufwerken umgestellt (= neu geordnet) werden. Als letzter Eintrag in der Liste taucht die Datenträgerverwaltung auf. Über diese Verwaltung können Sie Festplatten formatieren und einrichten. Gestartet werden die einzelnen Tools jeweils mit einem Mausdoppelklick. Die Tools erscheinen aber auch in der linken Fensterspalte in einer Baumstruktur. Auch über diese Baumstruktur können Sie die Programme aufrufen.

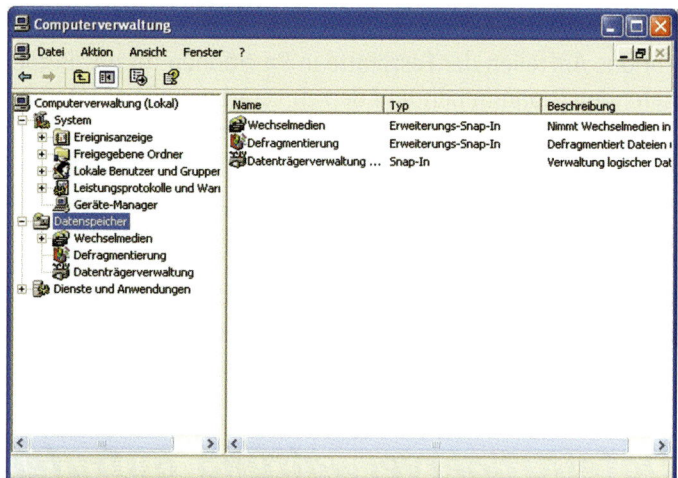

Eine primäre NTFS-Partition einrichten

In dieser Lektion werden Sie auf einer Festplatte eine NTFS5 (**N**ew **T**echnology **F**ile **S**ystem)-Partition einrichten. Es ist aber unerheblich, ob Sie auf einer neuen oder einer bereits bestehenden Festplatte eine NTFS-Partition einrichten. Sie können beispielsweise eine andere Partition löschen, um dann eine NTFS-Partition einzurichten. Natürlich können Sie auch eine FAT32-Partition anlegen.

1 Öffnen Sie die Datenträgerverwaltung. Wir verwenden in dieser Schrittanleitung eine neu eingebaute Festplatte. Sie ist als Datenträger 2 in der Datenträgerverwaltung aufgeführt. Wie Sie ablesen können, handelt es sich um eine kleine Festplatte mit 2,38 GByte Speicherkapazität. Außerdem erfahren Sie, dass die Festplatte *„on-line"* (also aktiviert) ist.

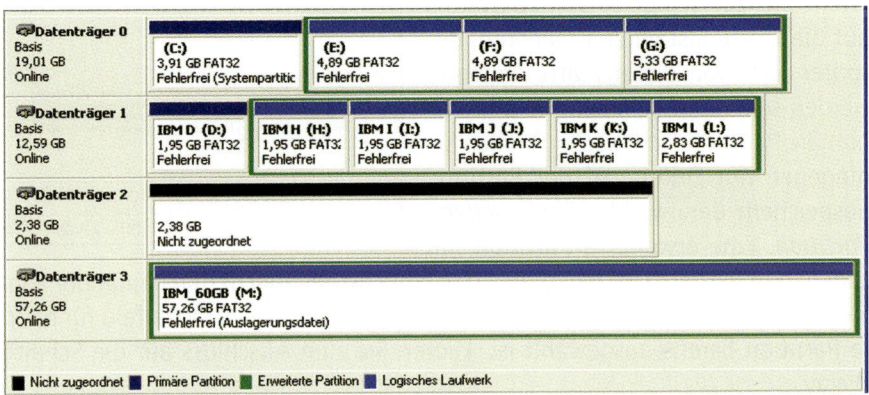

2 Nun wird die halbe Speicherkapazität der Festplatte als NTFS-Partition ausgewiesen. Klicken Sie hierzu mit der

rechten Maustaste innerhalb des Rechtecks für den Datenträger. Es erscheint ein Kontextmenü, aus dem Sie den Eintrag *Neue Partition* auswählen.

3 Ein Assistent wird eingeblendet, der Ihnen bei der weiteren Arbeit helfen soll. Er enthält ein paar Textzeilen für Sie und nennt im Übrigen die Festplatte nun Basisdatenträger. Also lassen Sie sich hierdurch nicht verwirren. Klicken Sie auf die Schaltfläche *Weiter*.

4 Sie können jetzt entscheiden, ob Sie lieber eine *Primäre Partition* oder eine *Erweiterte Partition* erstellen möchten. Wenn Sie ein Windows-Betriebssystem auf die Platte installieren möchten, das später auch von dieser Platte gebootet werden soll, dann kommen Sie um eine primäre Partition nicht herum. Wollen Sie hingegen nur Daten auf der Partition abspeichern, dann wählen Sie *Erweiterte Partition*. Eine erweiterte Partition hat

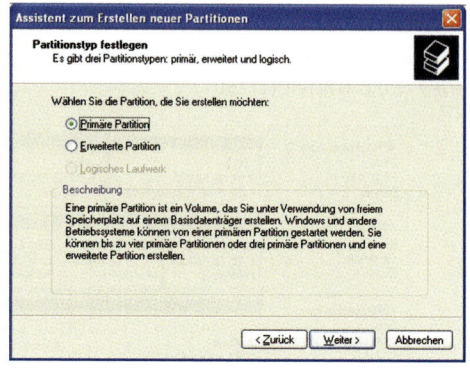

zudem den Vorteil, dass hier die Laufwerkbuchstaben nicht durcheinander kommen. Sie werden nun eine primäre Partition einrichten. Da das Auswahlfeld für die primäre Partition bereits ausgewählt ist, klicken Sie zum Abschluss auf die Schaltfläche *Weiter*.

5 Jetzt müssen Sie entscheiden, wie groß die Partition ausfallen soll. Da auf die Festplatte noch eine zweite Partition gepackt werden soll, haben wir die halbe Größe der Festplattenkapazität als Wert in *Partitionsgröße in MB* eingegeben. Anschließend geht's über die Schaltfläche *Weiter* zum nächsten Fenster.

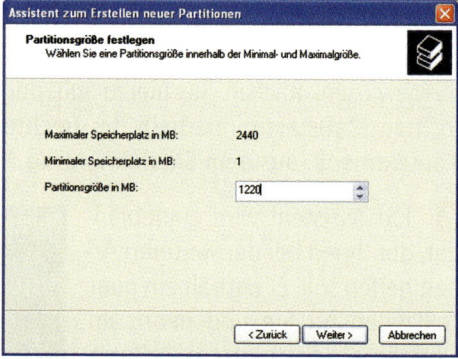

6 Nun können Sie der neuen Partition einen Laufwerkbuchstaben zuweisen. Wählen Sie einen Buchstaben Ihrer Wahl aus.

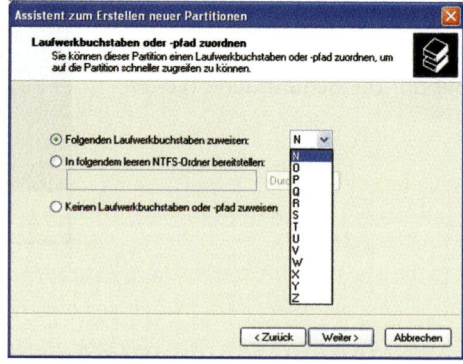

7 Jetzt müssen ein paar Angaben zur neuen Partition gemacht werden. Zunächst einmal können Sie bestimmen, welches Dateisystem zum Einsatz kommt. Wählen Sie unter *Zu verwendendes Dateisystem* das System *NTFS* aus.

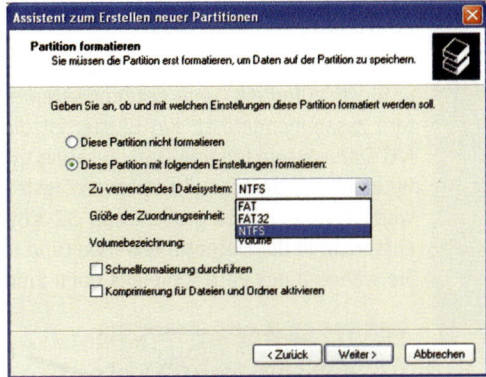

8 Als zweite Größe bestimmen Sie nun die *Größe der Zuordnungseinheit* (= Cluster). Sie sollten den Eintrag *Standard* stehen lassen. Dann wählt Windows den besten Wert aus. Sicher haben Sie es schon geahnt, dass Sie mit der Größe der Zuordnungseinheiten die Zugriffsgeschwindigkeit auf die Partition beeinflussen können. Man kann sagen, je größer die Zuordnungseinheit ist, desto schneller können Daten von der Platte geladen werden. Umgekehrt

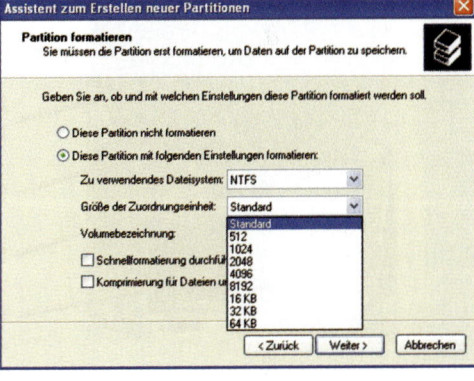

gilt auch, je kleiner die Zuordnungseinheiten sind, desto länger dauert der Zugriff, aber es wird auch weniger Speicherplatz für die meisten Dateien benötigt.

Zuordnungseinheit/Cluster

Die Festplatte ist in Spuren und Sektoren (kleinste adressierbare Einheit, die 512 Byte groß ist) aufgeteilt. Vom Betriebssystem werden wiederum mehrere Sektoren zu Clustern zusammengefasst. Ein Cluster ist die kleinste Informationseinheit, die in einem FAT-Dateisystem für eine Datei reserviert werden kann. Dies bedeutet, dass auch eine 1 Byte große Datei einen kompletten Cluster belegt. Ist die Cluster-Größe 32 KByte, dann wird also die 1 Byte große Datei 32 KByte Speicherplatz belegen. Die Cluster-Größe entspricht in der Datenträgerverwaltung unter Windows XP der Zuordnungseinheit, die Sie während des Partitionierens beim Einrichten des Dateisystems festlegen können.

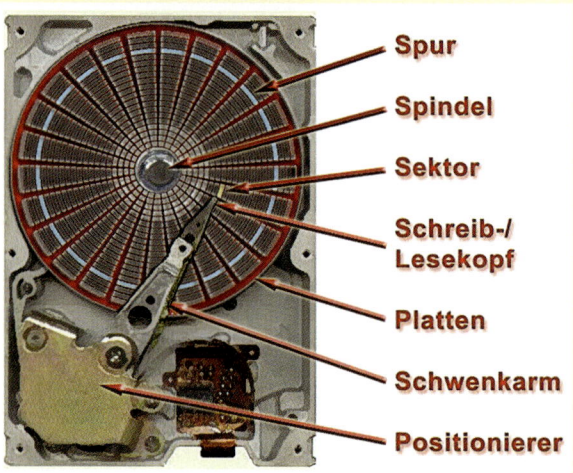

- Spur
- Spindel
- Sektor
- Schreib-/Lesekopf
- Platten
- Schwenkarm
- Positionierer

Spur

Die einzelnen Scheiben der Festplatte werden in mehrere Tausend konzentrische Kreise unterteilt. Diese Kreise werden Spuren genannt. Spur 0 beginnt am äußersten Rand der Scheibe.

9 Unter *Volumenbezeichnung* geben Sie einen Namen für die neue Partition ein.

Volumebezeichnung:	Meine NTFS Partiton

Dieser Name erscheint dann im Arbeitsplatz unter den verfügbaren Laufwerken. Klicken Sie auf *Weiter*, um zum nächsten Fensterinhalt zu kommen.

10 Es erscheint ein letztes Fenster, in dem alle Einstellungen zusammengetragen worden sind, die für die neue Partition ausgewählt worden sind. Sehen Sie sich die Einträge noch einmal an. Sollte etwas nicht in Ordnung sein, dann können Sie über die Schaltfläche *Zurück* zu den einzelnen Einstellungsbildschirmen zurückblättern, um die Einstellungen zu korrigieren. Wenn alles korrekt ist, klicken Sie die Schaltfläche *Fertig stellen* an.

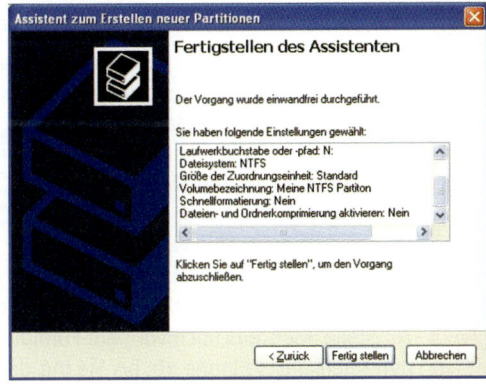

11 Die Partition wird nun eingerichtet und freundlicherweise auch gleich formatiert.

12 Sobald die Formatierung beendet ist, öffnen Sie den Arbeitsplatz. Wie Sie sehen, ist die neue Partition bereits mit dem ausgewählten Laufwerkbuchstaben versehen worden. Auch der von Ihnen als Volumenbezeichnung eingegebene Name ist übernommen worden.

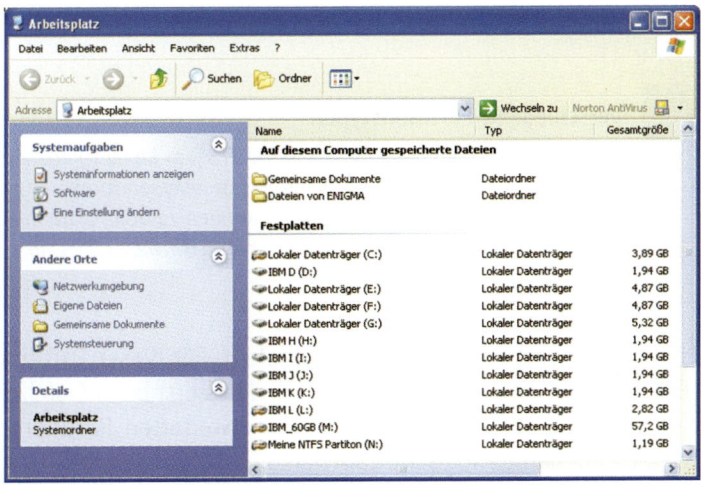

Tipp

Virenkiller müssen ihre Nase überall reinstecken

Wenn Sie ein Laufwerk partitionieren, dann müssen Sie unbedingt alle Programme beenden, die auf das neue Laufwerk zugreifen könnten. Schließen Sie auch das Fenster *Arbeitsplatz*. Sollten Sie dann immer noch die nebenstehende Fehlermeldung erhalten, sollten Sie sich um einen eventuell vorhandenen Virenscanner kümmern. Virenscanner untersuchen Festplatten ständig auf

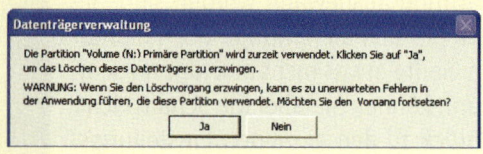

Virenbefall. Sobald Sie eine neuen Partition einrichten, ist der Virenkiller auch schon zur Stelle. Meistens noch vor dem Formatieren des Datenträgers. Deshalb schalten Sie den Virenkiller so lange ab, bis Sie mit der Partitionierungsarbeit fertig sind.

Meistens befindet sich ein kleines Symbol für den aktiven Virenscanner in der unteren rechten Taskleiste. Klicken Sie den Virenscanner mit der rechten Maustaste an. Ein Kontextmenü sollte erscheinen. Dort muss ein Eintrag zur Deaktivierung des Virenscanners vorhanden sein. Diesen Eintrag wählen Sie aus.

Eine erweiterte Partition einrichten

In der vorherigen Anleitung haben Sie gesehen, wie eine primäre Partition eingerichtet worden ist. Anschließend wurde diese Partition dann mit dem NTFS-Dateisystem eingerichtet. In dieser Schrittanleitung werden Sie eine erweiterte Partition einrichten.

Info

Verschiedene Partitionstypen

Bitte beachten Sie, dass es sich bei NTFS um keinen Partitionstyp, sondern um ein Dateisystem handelt, das für beide Partitionstypen (primäre und sekundäre Partition) verwendet werden kann. Mehr Informationen zu den Partitionstypen finden Sie im Kapitel „Die System-Festplatte austauschen", *Hinweiskasten im Unterkapitel* „Die Neue einbauen".

Hierzu wird eine zweite Partition angelegt. Für dieses Partition ist da Dateisystem (FAT32, NTFS etc.) zunächst unwichtig, da es erst beim Erstellen von logischen Laufwerken benötigt wird. Der Vorteil von erweiterten Partitionen ist, dass Sie darin weiter so genannte logische Laufwerke einrichten können. Es ist also möglich, auch ohne weitere Partitionen zu erstellen, neue Laufwerke im System unterzubringen. Interessant ist es, wenn Sie auf der kompletten Festplatte nur eine erweiterte Partition einrichten, also keine primäre Partition einrichten. Hierdurch werden alle logischen Laufwerke, die Sie innerhalb dieser Partition einrichten, im Arbeitsplatzfenster an den letzten Laufwerkbuchstaben angehängt. Hatte das letzte Laufwerk beispielsweise die Laufwerkbezeichnung H:, dann wird das erste logische Laufwerk der neuen Festplatte den Namen I: bekommen. Dies ist sehr von Vorteil, da bei einer Festplatte mit primärer Partition diese Partition entweder als C:, D:, E; oder F: erscheinen würde.

Hierdurch würden alle nachfolgenden Laufwerke um einen Laufwerkbuchstaben versetzt erscheinen. Das hätte krasse Folgen, da dann auch garantiert Ihre Programme auf dem falschen Laufwerk liegen. Sie können das zwar 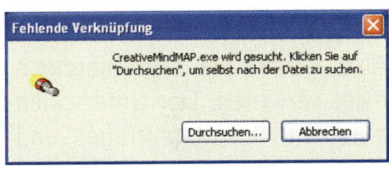 mithilfe der Datenträgerverwaltung ändern, indem Sie die Laufwerkbezeichner umbenennen, aber das ist auch nicht gerade weniger. Außerdem kann es vorkommen, dass ausgerechnet ein Programm, das in der Startphase von Windows geladen wird (beispielsweise ein Antivirenprogramm), seine Dateien nicht findet. Das Ergebnis könnte sein, dass Windows gar nicht mehr gestartet werden kann.

1 Zuerst müssen Sie die Datenträgerverwaltung öffnen. Wir arbeiten in dieser Schrittanleitung mit dem Datenträger 2. Es hat sich also gegenüber der Schrittanleitung zum Einrichten einer NTFS-Partition nichts geändert.

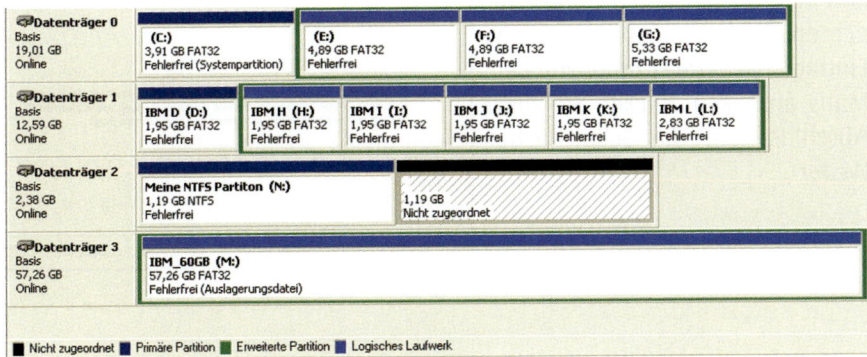

2 Nun wird die halbe Partition als erweiterte Partition ausgewiesen. Klicken Sie hierzu mit der rechten Maustaste innerhalb des Rechtecks für den Datenträger. Es erscheint ein Kontextmenü, aus dem Sie den Eintrag *Neue Partition* auswählen.

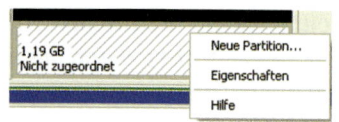

3 Ein Assistent, der Ihnen bei der weiteren Arbeit helfen soll, wird eingeblendet. Er enthält ein paar Textzeilen für Sie und nennt die Festplatte nun Basisdatenträger. Also lassen Sie sich hierdurch nicht verwirren. Der Unterschied zwischen Basisdatenträger und dynamischen Datenträgern wird in dem Kapitel „Festplatten im Doppelpack: RAID-Controller verwenden" erläutert. Klicken Sie auf die Schaltfläche *Weiter*.

4 Sie können jetzt entscheiden, ob Sie lieber eine primäre Partition oder eine erweiterte Partition erstellen möchten. Wir werden nun eine erweiterte Partition einrichten. Hierzu müssen Sie den Eintrag *Erweiterte Partition* mit der Maus anklicken. Klicken Sie zum Abschluss auf die Schaltfläche *Weiter*.

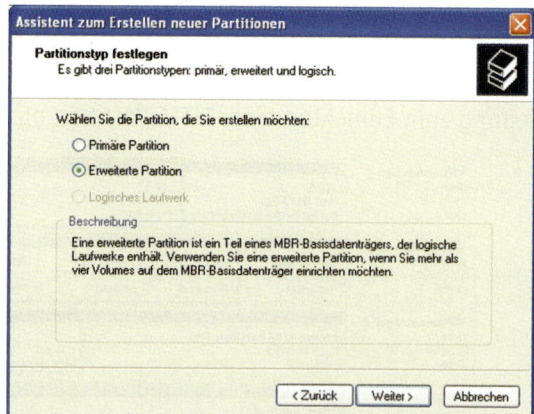

5 Jetzt müssen Sie entscheiden, wie groß die Partition ausfallen soll. Sie können entweder den gesamten verfügbaren Platz auf der Festplatte mit der Partition belegen oder nur einen Teil der Festplatte. Den Wert geben Sie unter *Partitionsgröße in MB* ein. Anschließend geht's über die Schaltfläche *Weiter*.

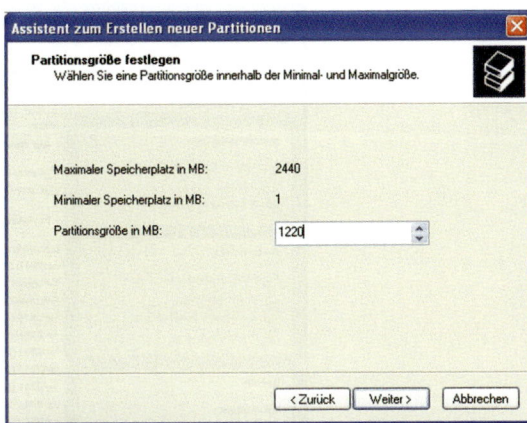

6 Es erscheint ein letztes Fenster, in dem alle Einstellungen zusammengetragen worden sind, die für die neue Partition ausgewählt wurden. Sehen Sie sich die Einträge noch einmal an. Sollte etwas nicht in Ordnung sein, dann können Sie über die Schaltfläche *Zurück* zu den einzelnen Einstellungsbildschirmen zurückblättern, um Einstellungen zu korrigieren. Wenn alles korrekt ist, klicken Sie die Schaltfläche *Fertig stellen* an.

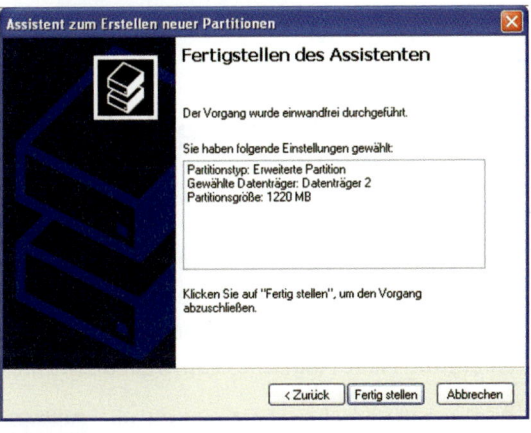

7 Wundern Sie sich nicht, dass das Einrichten der erweiterten Partition sehr schnell geht, denn eigentlich passiert nicht viel. Das Laufwerk weist nun in seiner Partitionstabelle eine erweiterte Partition aus. Diese Partition ist aber noch kein Laufwerk.

8 Auch wenn Sie den Arbeitsplatz öffnen, wird kein weiteres Laufwerk angezeigt. Das ist aber auch soweit in Ordnung, denn Sie müssen erst noch mindestens ein logisches Laufwerk innerhalb der erweiterten Partition festlegen. Wie das geht, wird nachfolgend beschrieben.

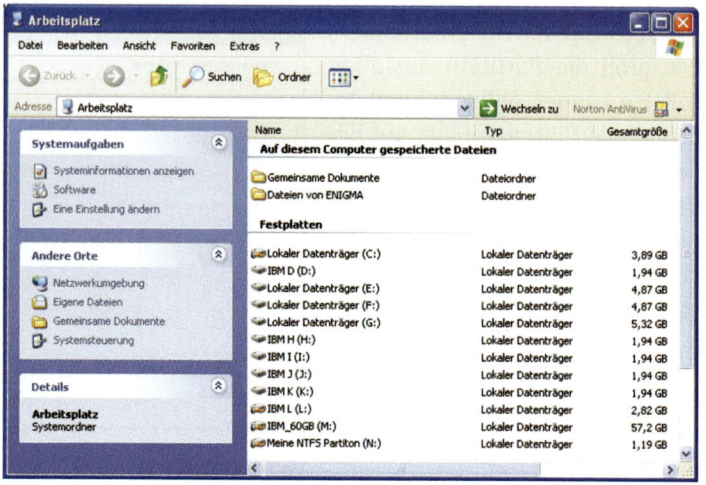

Logisches Laufwerk hinzufügen

Nun wird der erweiterten Partition ein logisches Laufwerk hinzugefügt.

1 Klicken Sie hierzu mit der rechten Maustaste in das Rechteck für die erstellte erweiterte Partition. Es erscheint ein Kontextmenü, aus dem Sie den Eintrag *Neues logisches Laufwerk* auswählen.

2 Der schon bekannte Assistent erscheint, um Sie bei der Einrichtung des logischen Laufwerks zu unterstützen. Klicken Sie auf die Schaltfläche *Weiter*.

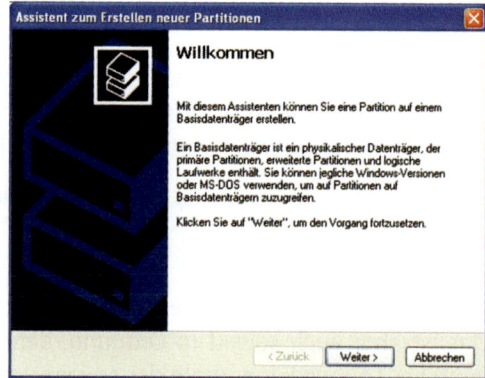

3 Auch dieses Folgefenster sollte Ihnen schon bekannt vorkommen. Allerdings ist die Option *Logisches Laufwerk* bereits ausgewählt. Eine andere Option ist nicht wählbar. Sie haben also nur die Wahl zwischen *Zurück* zum letzten Fenster, *Weiter* zum nächsten Fenster oder den Vorgang *Abbrechen*. Klicken Sie auf die Schaltfläche *Weiter*, um mit dem nächsten Schritt fortfahren.

4 Legen Sie in dem folgenden Fenster die Größe des logischen Laufwerks fest. Sie müssen hierzu nicht den gesamten zur Verfügung stehenden Speicherplatz in *Partitionsgröße in MB* verwenden. Es können in einer erweiterten Partition nämlich mehrere logische Laufwerke untergebracht werden. Sie müssen hierzu lediglich nach Beenden dieser Schrittanleitung dieselbige wiederholen, um das nächste erweiterte Laufwerk anzulegen. Anschließend klicken Sie auf die Schaltfläche *Weiter*.

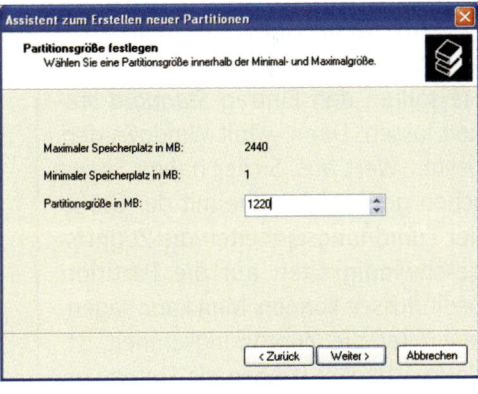

5 Nun können Sie dem logischen Laufwerk einen Laufwerkbuchstaben zuweisen. Sie sollten den ersten Eintrag in der Auswahlliste übernehmen, damit das neue Laufwerk auch allen Anwendungen zur Verfügung stehen kann. Klicken Sie dann auf die Schaltfläche *Weiter*.

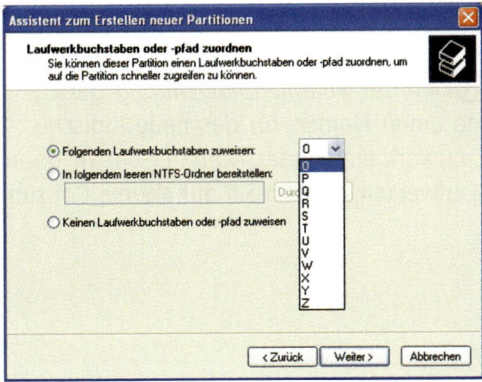

6 Erst jetzt müssen Sie sich entscheiden, welches Dateisystem zum Einsatz kommen soll. Im Prinzip bleibt die Wahl zwischen FAT32 und NTFS-Partition. Das veraltete FAT-System sollten Sie auf keinen Fall installieren, es sei denn, Sie wollen mit Windows 95A und Windows NT arbeiten.

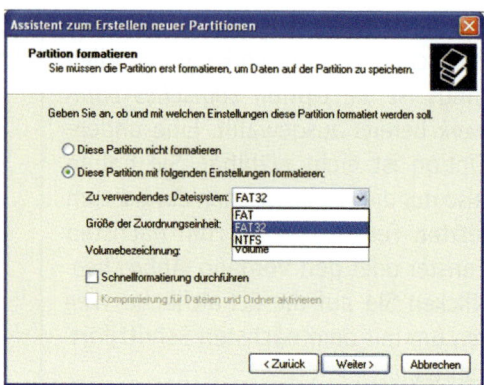

7 Als zweite Größe bestimmen Sie nun die *Größe der Zuordnungseinheit*. Sie sollten den Eintrag *Standard* stehen lassen. Dann wählt Windows den besten Wert aus. Sicher haben Sie es schon geahnt, dass Sie mit der Größe der Zuordnungseinheiten die Zugriffsgeschwindigkeiten auf die Partition beeinflussen können. Man kann sagen, je größer die Zuordnungseinheit ist, desto schneller können die Daten von der Platte geladen werden, da der Datenträger nicht so stark fragmentiert wird, wie dies mit kleineren Zuordnungseinheiten der Fall wäre.

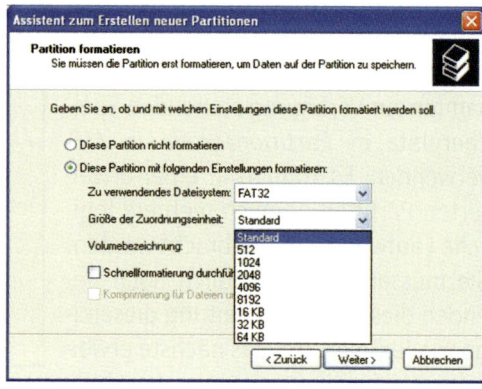

8 Hinter *Volumenbezeichnung* geben Sie einen Namen für das neue logische

Laufwerk ein. Dieser Name erscheint dann im Arbeitsplatz unter den verfügbaren Laufwerken. Klicken Sie auf *Weiter*, um zum nächsten Fensterinhalt zu kommen.

9 In dem nun folgenden Fenster sind alle Einstellungen zusammengetragen, die für die neue Partition ausgewählt worden sind. Kontrollieren Sie die Einträge noch einmal. Änderungen in den einzelnen Einstellungsbildschirmen können Sie über die Schaltfläche *Zurück* vornehmen.

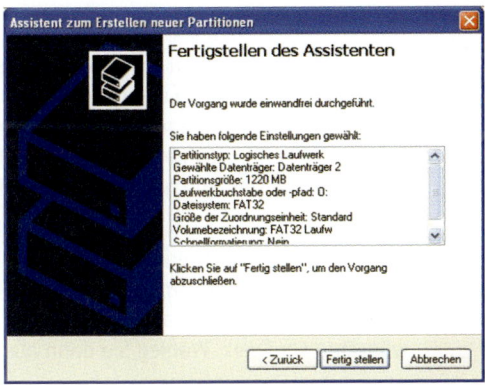

10 Die Partition wird nun eingerichtet und auch gleich formatiert.

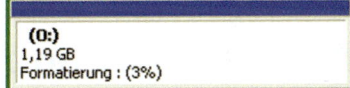

11 Sobald die Formatierung beendet ist, öffnen Sie den Arbeitsplatz. Wie Sie sehen, ist das neue logische Laufwerk bereits mit dem ausgewählten Laufwerkbuchstaben versehen worden. Auch der von Ihnen als Volumenbezeichnung eingegebene Name ist übernommen worden.

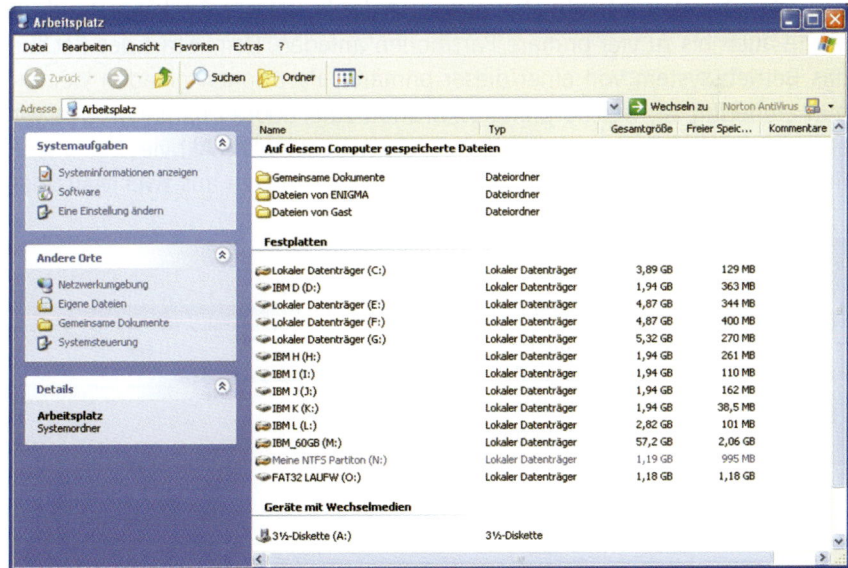

Ja, wo isses denn?

Windows XP ist zwar ein tolles Betriebssystem, doch manchmal zickt es auch ein bisschen rum. So kann es passieren, dass ein neues Laufwerk im Arbeitsplatz nicht direkt angezeigt wird. In diesem Fall war das Arbeitsfenster wahrscheinlich beim Erstellen des neuen Laufwerks geöffnet. Wenn dies der Fall ist, schließen Sie einfach das Arbeitsfenster und öffnen es anschließend wieder. Das Laufwerk sollte dann richtig angezeigt werden.

Sie können das Laufwerk auch über die Datenträgerverwaltung öffnen. Klicken Sie einfach mit der rechten Maustaste auf das gewünschte Laufwerk. Wählen Sie dann aus dem Kontextmenü den Eintrag *Öffnen* aus.

Aktive Partition festlegen

Sie benötigen bei allen Betriebssystemen eine primäre Partition, die zudem auch noch als aktive Partition gekennzeichnet sein muss. Ansonsten ist das Booten von Festplatten unmöglich. Es muss auf einem System immer eine aktive Partition mit einem Bootsektor geben. Sie können zwar von einer DOS-Diskette (oder einer Startdiskette eines anderen Betriebssystems) booten und dann auf die Festplatte verzweigen, aber damit booten Sie nicht von der Festplatte. Sie können auf einer Festplatte auch bis zu vier primäre Partitionen anlegen. Beim Start des Rechners muss das Betriebssystem von einer dieser primären Partitionen geladen werden. Damit nun eindeutig ist, welche primäre Partition zum Booten herangezogen wird, muss eine dieser Partitionen als *aktiv* gekennzeichnet sein. Die Aktivierung einer Partition unter Windows XP ist sehr einfach. Sie besteht lediglich aus zwei Mausklicks.

Bootsektor

Der erste logische Sektor einer Festplatte wird als Bootsektor bezeichnet. Er enthält neben Informationen über die Größe und Cluster-Zahl der Festplatte ein Startprogramm, das für das Booten des jeweiligen Betriebssystems zuständig ist.

1 Klicken Sie die gewünschte Partition mit der rechten Maustaste an. Wählen Sie aus dem dann eingeblendeten Kontextmenü den Eintrag *Partition als aktiv markieren* aus. Das war schon alles.

Laufwerkbuchstaben ändern

Endlich wurde in Windows XP eine Funktion eingebaut, die in den Vorgängerversionen (bei Windows 9.x/ME) schmerzlich vermisst worden ist. Es handelt sich um die freie Zuweisung von Laufwerkbuchstaben. Windows bindet im Normalfall zunächst alle Laufwerke mit den Buchstaben C:, D: usw. ein. Wenn Sie beispielsweise eine Festplatte mit vier Partitionen haben, die alle mit einem für Windows kompatiblen Dateisystem eingerichtet wurden, dann bekommen die Laufwerke normalerweise die Kennungen C:, D:, E: und F:. So weit, so gut. Sollten Sie nun aber auf die Idee kommen, eine zweite Festplatte einzurichten, dann wird es evtl. problematisch. Denn nun bindet Windows Laufwerk C: von der ersten Platte wie gewohnt ein. Nun folgen aber unter Umständen nicht die weiteren drei Partitionen der ersten Festplatte, sondern erst einmal die erste Partition der zweiten Festplatte. Und zwar dann, wenn auf dieser eine zusätzliche primäre Partition eingerichtet wurde. Nehmen wir an, dass auf der zweiten Festplatte nur eine primäre Partition vorhanden ist, dann werden die restlichen drei Partitionen der ersten Festplatte jeweils um einen Buchstaben versetzt, also als E:, F:, G: eingebunden. Hatten Sie unter der alten Konfiguration mit einer Festplatte auf Laufwerk D: alle Programme wie Word oder Excel eingebunden, dann werden diese Programme nun nicht mehr gefunden, da sie sich in der neuen Konfiguration auf Laufwerk E: befinden

1 Zum Ändern eines Laufwerkbuchstabens klicken Sie mit der rechten Maustaste auf das gewünschte Laufwerk. Aus dem erscheinenden Kontextmenü wählen Sie den Eintrag *Laufwerksbuchstaben und -pfade ändern* aus. Alternativ können Sie auch nach dem Erscheinen des Kontextmenüs die L-Taste drücken.

2 Ein weiteres Fenster erscheint auf dem Desktop. Innerhalb dieses Fensters sind alle Volumen des Laufwerks aufgezeigt. Sofern Sie mit dem FAT32-System arbeiten, werden Sie dort nur den Eintrag der Laufwerkkennung vorfinden. Im unteren Drittel des Fensters sehen Sie drei nebeneinander liegende Schaltflächen. Klicken Sie auf die mittlere Schaltfläche *Ändern*.

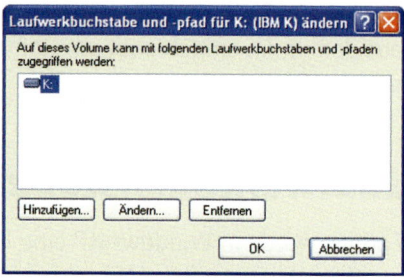

3 In dem Folgefenster sehen Sie ein Feld, in dem der aktuelle Laufwerkbuchstabe eingetragen ist. Klicken Sie in dieses Feld, dann werden alle freien Laufwerkbuchstaben eingeblendet. Wählen Sie aus der Liste den gewünschten Buchstaben aus. Klicken Sie dann auf die Schaltfläche *OK*. Danach erscheint ein Fenster, das Ihnen mitteilt, dass eventuell Pro-

gramme nicht mehr gestartet werden können. Sollten Sie aber die Laufwerkbuchstaben umstellen, weil durch den Einbau einer zweiten Festplatte alle Laufwerkbuchstaben um einen Buchstaben versetzt sind, dann ist diese Meldung natürlich uninteressant. Außerdem können Sie den Laufwerkbuchstaben ja jederzeit wieder zurückstellen.

Ein Laufwerkbuchstabe jedoch ist für das Umbenennen tabu, das Laufwerk C:. Normalerweise befindet sich auf diesem Laufwerk das Windows-Betriebssystem. Wenn Sie

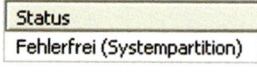

das Laufwerk umbenennen könnten, dann würde Windows seine eigenen Systemdateien nicht mehr wiederfinden und könnte infolgedessen nicht mehr starten.

Info

Wenn der richtige Buchstabe fehlt

Windows kann nur jeden Laufwerkbuchstaben einmal vergeben, weshalb es Ihnen nur die Laufwerkbuchstaben anbietet, die auch frei sind. In der Abbildung sehen Sie, das die Laufwerkbuchstaben L:, M: und N: nicht in der Liste aufgeführt sind, und zwar, weil sie schon verwendet werden. Um nun doch einem anderen Laufwerk beispielsweise den Buchstaben L: zuweisen zu können, müssen Sie zunächst einmal dem ursprünglichen Laufwerk L: einen anderen Buchstaben, beispielsweise O:, geben. Anschließend ist der Laufwerkbuchstabe L: frei.

Das Problem mit der Auslagerungsdatei

Bei der Umbenennung von Laufwerken gilt es manchmal noch eine Hürde zu nehmen. Die berühmte

Auslagerungsdatei von Windows. Wenn sich nun ausgerechnet diese Datei auf dem Laufwerk befindet, dem Sie einen anderen Laufwerkbuchstaben zugestehen wollen, dann ist guter Rat teuer. Denn für dieses Laufwerk können Sie den Laufwerkbuchstaben nicht ändern. Sie können aber mit einem Trick doch noch zum Ziel kommen. Wie, das erfahren Sie in der folgenden Schrittanleitung.

1 Wählen Sie aus dem Startmenü den Eintrag *Start/Einstellungen/Systemsteuerung/System* aus. Danach wird die Systemsteuerung angezeigt.

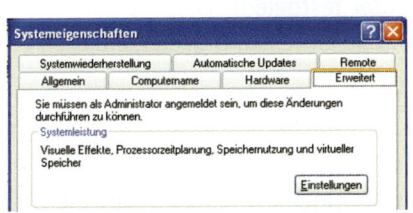

2 Klicken Sie auf das Register *Erweitert*. Anschließend klicken Sie in dem Feld *Systemleistung* auf die Schaltfläche *Einstellungen*.

3 Bevor Sie die Auslagerungsdateien ändern können, klicken Sie auf das Register *Erweitert*. Ein neuer Fensterinhalt wird angezeigt. In dem Feld *Virtueller Arbeitsspeicher* klicken Sie auf die Schaltfläche *Ändern*. Endlich haben Sie es geschafft. Nach der Mausklick-Odyssee sind Sie am Ziel angekommen. Es folgt ein Fenster, in dem Sie die Auslagerungsdateien festlegen oder ändern können.

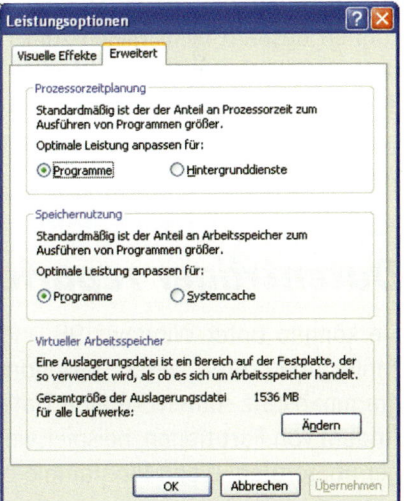

4 In dem Fenster sehen Sie im oberen Drittel eine Liste mit allen im System angemeldeten Laufwerken. Klicken Sie nun auf das Laufwerk, von dem Sie die Auslagerungsdateien entfernen möchten. Anschließend klicken Sie *Keine Auslagerungsdatei* an. Und danach wählen Sie *Festlegen*. Sie sollten nun aber möglichst einem anderen Laufwerk eine Auslagerungsdatei zuweisen. Klicken Sie die Laufwerke in der Liste durch. Sie sehen dann einen Eintrag *Verfügbarer Speicherplatz*. Auf dem Laufwerk mit dem meisten Speicherplatz klicken Sie zunächst auf *Größe wird vom System verwaltet*. Anschließend klicken Sie wieder auf die Schaltfläche *Festlegen*. Jetzt haben Sie eine neue Auslagerungs-

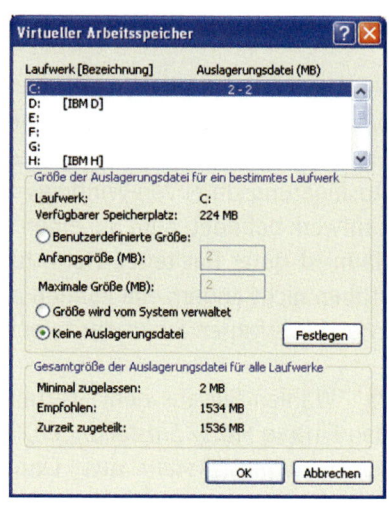

datei festgelegt. Dies ist auch wichtig, da Windows ohne die Auslagerungsdatei starke Geschwindigkeitseinbußen zu verzeichnen hätte.

5 Zum Abschluss klicken Sie auf die Schaltfläche *OK*. Es erscheint ein Meldefenster mit der Mitteilung, dass erst nach einem Systemneustart die geänderten Funktionen verfügbar sind. Sie

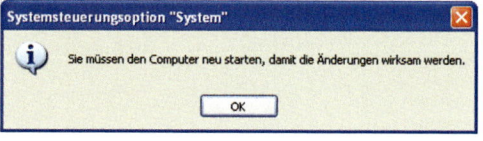

können deshalb nicht gleich zum Fenster für die Änderung des Laufwerkbuchstabens zurückkehren. Dort werden Sie nach wie vor hinter dem gewünschten Laufwerk den Eintrag *(Auslagerungsdatei)* vorfinden. Erst nach dem Neustart ist dieser Eintrag verschwunden. Sie können dann endlich der Festplatte einen anderen Namen verpassen.

Datenträger reparieren mit Windows

Sie können unter Windows 98 und Windows XP jederzeit einen Datenträger auf Fehler überprüfen lassen. Besonders nach einem Systemabsturz oder einem Programmabsturz sollten Sie eine Datenträgerüberprüfung vornehmen. Auch vor dem Ändern von Partitionen, beispielsweise mit PartitionMagic, sollten Sie den Datenträger überprüfen. Wenn Programme beispielsweise während eines Schreibzugriffs auf die Festplatte abstürzen, dann können in der FAT (Dateitabelle) falsche Einträge vermerkt sein. Ein anderer Fehler sind quer verbundene Dateien. Hierbei zeigen beispielsweise zwei verschiedene Dateien auf die gleiche Folgeadresse. Dieser Fehler wird dadurch repariert, indem für das doppelt belegte Dateistück eine Kopie erzeugt wird. Der Vorgang zum Aufrufen der Datenträgerprüfung ist recht einfach. Wir stellen Ihnen die Funktion unter Windows XP vor. Die Anleitung kann aber unter Windows 98/ME genauso durchgeführt werden.

Gleich und doch nicht gleich

Obwohl innerhalb der grafischen Oberfläche von Windows 98/ME und Windows XP der Aufruf der Datenträgerprüfung gleich ist, werden für deren Ausführung verschiedene Wege beschritten. Bei XP gibt es eigentlich kein eigenes Windows-Programm wie ScanDisk unter Windows 9x. Stattdessen wird auf das Kommandozeilenprogramm Chkdsk zurückgegriffen, das lediglich über das Eigenschaftendialogfenster einer Festplatte aufgerufen bzw. gestartet werden kann (und dann sozusagen unsichtbar im Hintergrund verläuft). Wer jedoch etwas „fitter" ist, ruft Chkdsk über die Kommandozeile auf und nutzt dabei evtl. auch die erweiterten Parameter. Es ist bei XP oft notwendig, erst einen Neustart durchzuführen, damit die Datenträgerprüfung dann beim Hochfahren von XP abläuft. Außerdem ist NTFS im Gegensatz zu FAT (32) deutlich fehlertoleranter bzw. -resistenter. Es kommt bei weitem nicht so leicht oder häufig zu Datenfehlern bei Abstürzen wie unter Windows 9x.

Syntax zu Chkdsk unter Windows XP

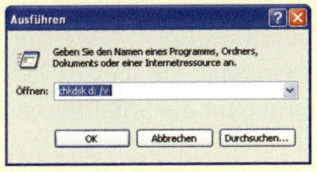

chkdsk [Volume:][[Pfad] Dateiname] [/f] [/v] [/r] [/x] [/i] [/c] [/l:Größe]]

Parameter

Volume	Gibt den Laufwerkbuchstaben (gefolgt von einem Doppelpunkt) an.
[Pfad] Dateiname	Gibt den Pfad und den Namen einer Datei oder einer Menge von Dateien an, die Chkdsk auf Fragmentierung überprüfen soll.
/f	Behebt Fehler auf dem Datenträger.
/v	Zeigt während der Überprüfung des Datenträgers den Namen jeder einzelnen Datei in jedem Verzeichnis an.
/r	Lokalisiert beschädigte Sektoren und stellt lesbare Informationen wieder her. Der Datenträger muss gesperrt sein.
/x	Kann nur mit NTFS verwendet werden. Erzwingt, dass die Bereitstellung des Volumes ggf. zuerst aufgehoben wird.

Info

2. Festplatte formatieren und partitionieren mit Windows XP

1   Klicken Sie mit der rechten Maustaste im Arbeitsfenster auf das Laufwerk, das Sie defragmentieren möchten. Es erscheint ein Kontextmenü, aus dem Sie den Eintrag *Eigenschaften* auswählen.

2   Es erscheint das Eigenschaftsfenster des ausgewählten Laufwerks. Klicken Sie auf das Register *Extras*. Der Fensterinhalt wird ausgetauscht. Die Schaltfläche *Jetzt prüfen* klicken Sie an, um das Programm zur Datenträgerprüfung zu starten. Das war auch schon die ganze Prozedur. Sie müssen lediglich im letzten Fenster auf die Schaltfläche *Start* klicken.

Bootdisketten für Windows XP aus dem Internet

Für Windows XP ist es nicht möglich, die so genannten Notfalldisketten zu erstellen, um die Wiederherstellungskonsole zu starten. Allerdings hat Microsoft inzwischen ein Einsehen gehabt und stellt auf seinen Internetseiten Dateien zur Verfügung, mit denen Bootdisketten für Windows XP erstellt werden können.

Download für Windows XP Professional Edition (4.408 KByte)

http://www.microsoft.com/downloads/release.asp?releaseid=33294

Download für Windows XP Home Edition (4.387 KByte)

http://www.microsoft.com/downloads/release.asp?releaseid=33293

Windows XP-Bootdiskkette für Zugriff auf Festplatte erstellen

Wenn Sie nicht die Notfallkonsole benötigen, sondern nur eine Bootdiskette brauchen, weil der Rechner nicht richtig startet oder Sie auf die NTFS-Partition zugreifen müssen, dann können Sie auch mit einer minimal ausgestatteten Bootdiskette zurechtkommen.

1 Klicken Sie im Arbeitsplatz das Diskettenlaufwerk mit der rechten Maustaste an. Aus dem Kontextmenü wählen Sie *Formatieren* aus.

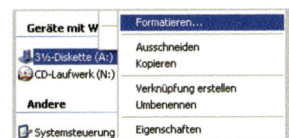

2 Formatieren Sie anschließend die Diskette.

Vorsicht Falle

Klicken Sie nicht *MS-DOS-Startdiskette* an. Dann können Sie nämlich nicht Windows XP booten. Wenn Sie eine Diskette ohne diese Option auswählen und anschließend die drei Dateien *Ntldr*, *Boot.ini* und *Ntdetect.com* kopieren, haben Sie eine Windows XP-Bootdiskette.

3 Wählen Sie im Arbeitsplatz das Menü *Extras/Ordneroptionen* aus. Löschen Sie den Haken vor *Geschützte Systemdateien ausblenden*. Klicken Sie dann auf den Kreis vor *Alle Dateien und Ordner anzeigen*. Diese beiden Optionen müssen ausgeführt werden, damit Systemdateien sichtbar werden, die auf die Diskette kopiert werden müssen.

4 Öffnen Sie über das Arbeitsfenster das Laufwerk C:. Kopieren Sie die Dateien *Ntldr*, *Boot.ini* und *Ntdetect.com* aus dem Root-Menü auf die soeben formatierte Diskette.

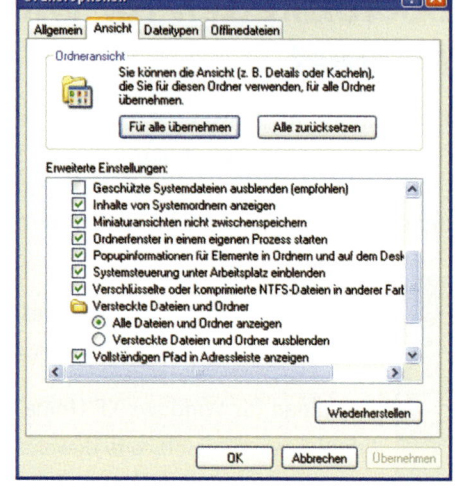

3. Festplatte formatieren und partitionieren mit PartitionMagic

Eines der beliebtesten Programme zum Partitionieren ist PartitionMagic. Das Programm läuft unter Windows 98/ME sowie unter Windows XP und DOS einwandfrei. Mit diesem Programm können auch bestehende Partitionen erweitert, gekürzt oder verbunden werden. Außerdem können Sie mit diesem Programm auch Dateisysteme (z. B. FAT32 zu NTFS etc.) konvertieren. Besonders interessant sind die Funktionen zum Zusammenführen von Partitionen und zum Kopieren von Partitionen.

Mit PartitionMagic zum Partitionsglück

Das Kopieren einer Partition ist der Erstellung eines Image (Abbild einer Festplatte oder Festplattenpartition in einer Datei) ähnlich, nur dass bei dieser Funktion die Partition direkt kopiert wird, ohne dass ein Image erzeugt wird. PartitionMagic bietet zwar einen Editor unter Windows an, die Arbeit aber wird unter DOS (DR-DOS) erledigt. Damit Sie mit PartitionMagic unter DOS arbeiten können, müssen Sie unbedingt die beiden DOS-Bootdisketten erzeugen, wie dies während des Setups angeboten wird. Sie werden während des Setups von PartitionMagic gefragt, ob Sie die zwei Notfalldisketten anlegen möchten.

Das sollten Sie unbedingt tun, weil Sie sonst beispielsweise nicht die Systempartition verändern können. Sie können die Notfalldisketten auch im Nachhinein erstellen. Einen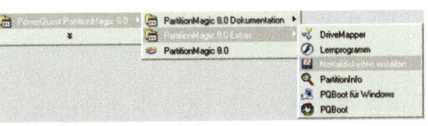
Anleitung hierzu haben wir in dem Kapitel „Datensicherung ist oberstes Gebot" zum Programm Drive Image gegeben, das ebenfalls von Powerquest (www.powerquest.de) stammt. Die folgenden Anleitungen wurden mit PartitionMagic 8.0 erstellt. Ältere Versionen von PartitionMagic unterstützen nicht das Zusammenführen von Partitionen und auch nicht Windows XP.

Die Anzeige der Partitionen bei PartitionMagic

In unserem Beispielbild ist links die Partition D: grün eingefasst. Es handelt sich um eine primäre Partition, die nur ein Laufwerk beheimaten kann. Bei dem hellblau einge-rahmten Laufwerk K: handelt es sich um ein logisches Laufwerk (bzw. logische Partiti-on) in einer erweiterten Partition. Interessant sind die nach unten zeigenden Pfeile. Hierbei handelt es sich um die 1.024-Zylinder-Grenze bzw. um die 2-GByte-Bootgrenze.

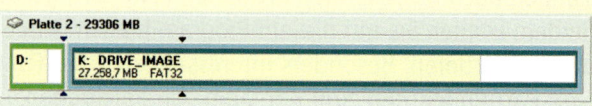

Zylinder

In den Festplatten befinden sich Scheiben, die meistens beidseitig über Magnetschich-ten (Ober- und Unterseite) verfügen. Diese Scheiben werden über Schreib-Leseköpfe angesteuert, die als Einheit montiert sind. Somit können die Schreib-Leseköpfe nicht unabhängig voneinander bewegt werden. Als Zylinder bezeichnet man die direkt über-einander liegenden Spuren aller Platten eines Plattenstapels.

Einfach partitionieren

In dieser Anleitung wird das Erstellen von primären und erweiterten Partitionen vorgestellt. Wir werden aber nur eine primäre Partition erzeugen, da das Erstellen einer erweiterten Partition nicht viel anders verläuft.

Keine Angst vor Falscheingaben

PartitionMagic speichert alle Operationen, die Sie machen, in einer Batchdatei ab. Sie können beispielsweise mehrere Partitionen neu einrichten, eine Festplatte konvertieren oder vergrößern. Die meisten Operationen werden unter DOS ausgeführt. Sobald Sie die Schaltfläche *Beenden* anklicken, erfolgt eine Abfrage, ob die Operationen bzw. Än-derungen ausgeführt werden sollen. Über die Schaltfläche *Details* erfahren Sie, welche Änderungen gemacht werden sollen. Erst wenn Sie die Schaltfläche *Übernehmen* an-klicken, wird Windows neu gestartet und anschließend PartitionMagic unter DOS auf-gerufen und die Änderungen durchgeführt. Klicken Sie hingegen auf *Abbrechen*, dann passiert gar nichts und Ihre Eingaben werden verworfen.

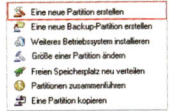

1 Im oberen Fenster sehen Sie alle Festplatten, die im System enthalten sind. Klicken Sie die Festplatte an, auf der Sie eine neue Partition erstellen möchten. Anschließend klicken Sie auf die Schaltfläche *Neue Partition*.

2 Es erscheint das Willkommensfenster. Klicken Sie auf *Weiter*. In dem darauf folgenden Fenster werden alle verfügbaren Festplattenlaufwerke angezeigt. Das von Ihnen angeklickte Laufwerk ist schon angewählt, weshalb Sie wieder auf *Weiter* klicken.

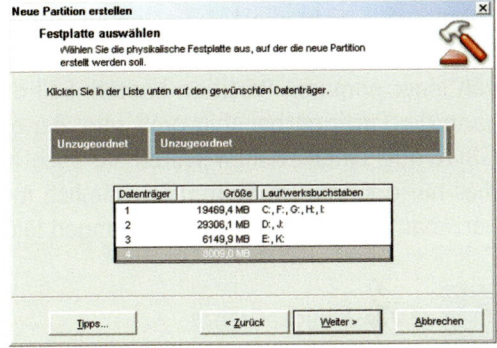

3 Im nächsten Fenster empfiehlt PartitionMagic FAT 32 als Dateisystem. Dieses ältere Dateisystem sollten Sie nur dann verwenden, wenn die Partition maximal 2 GByte groß ist und Sie keinen Wert auf erweiterte Funktionen legen, wie sie z. B. von modernen Dateissystemen wie NTFS mitgebracht werden. Für Windows XP ist daher auch NTFS optimal. Wählen Sie unter *Dateisystemtyp NTFS* an. Beach-

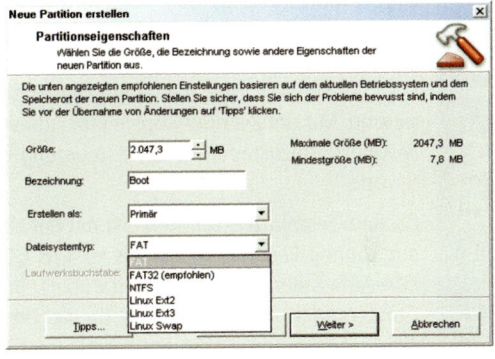

ten Sie aber, dass auf eine NTFS-Partition von Windows 98/ME nicht zugegriffen werden kann. Benötigen Sie also einen Zugriff von Windows 98/ME auf diese Partition, wählen Sie lieber *FAT32* aus. Dient die Partition als Bootpartition, dann müssen Sie unter *Erstellen als Primär* auswählen.

Sie benötigen zum Booten eines Betriebssystems grundsätzlich eine primäre Partition. Wenn man anschließend die „Ausführungsdateien" von Windows XP auf einer anderen Festplatte und/oder Partition installiert, kann man für diese auch eine logische Partition verwenden. Diese so genannte Startpartition wird nämlich automatisch nach dem Starten der Bootpartition erkannt. Danach wird Windows XP von dieser Partition oder von einer logischen Partition innerhalb einer erweiterten Partition gestartet. Vergessen Sie nicht, die *Bezeichnung* und die *Größe* der Partition einzugeben.

Die Mindestgröße und die maximale Größe werden angezeigt. Bei großen Platten nehmen Sie nicht die Maximalgröße. Sofern die Kapazität von 8 GByte bzw. die 1.024-Zylinder-Grenze erreicht wird, können die meisten BIOS-Versionen nicht mehr von einer primären Partition booten. Soll die Partition nur Daten enthalten, dann kann die Partition beliebig groß sein. Bei einer Windows XP-Installation reichen 5 GByte aus. Einen Namen sollten Sie auch für die Partition bestimmen, auch wenn dies nur optional ist. Sollten Sie nämlich mehrere Partitionen einrichten, dann verliert man ohne Partitionsbezeichnungen leicht die Übersicht.

1.024-Zylinder-Grenze

In den 80er Jahren waren Festplattenkapazitäten bis 160 GByte eine nicht vorstellbare Größe. Man hatte gerade erst Platten mit 20 MByte entwickelt und tastete sich so langsam an die 60 MByte heran. Man legte damals fest, dass maximal 1.024 Zylinder reichten, was bei 512 Byte pro Sektor einer maximalen Größe von 8,4 GByte entspricht. Man verwendete zum Ansteuern die so genannte CHS (**C**ylinder **H**ead **S**ector)-Adressierung. Mit der Zylinder-Kopf-Sektor Adressierung war es möglich, jeden Sektor auf der Festplatte anzusteuern. Die Ansteuerung der Festplatten erfolgte über den Int13h-Interrupt.

Größere Festplatten konnten erst mit der LBA-Adressierung angesprochen werden. Hiermit können Festplatten mit bis zu 128 GByte benutzt werden (mit der neuen 48-Bit-LBA-Adressierung auch noch darüber). In den modernen Mainboards ist die 1.024-Grenze kaum noch anzutreffen, da hier bereits mit der LBA (**L**ogical **B**lock **A**ddressing)-Adressierung und einem erweiterten Int13h-Interrupt im BIOS gearbeitet wird. In den meisten älteren Mainboards ist mit der 1.024-Zylinder-Grenze zu rechnen. Haben Sie eine Bootpartition hinter dieser Grenze eingerichtet oder ist die Bootpartition größer als 1.024 Zylinder, dann kann das Betriebssystem nicht gestartet werden.

Info

4 Nun werden noch einmal alle vorgenommenen Einstellungen zusammengefasst. Beachten Sie, dass die Partition erst eingerichtet wird, wenn Sie im Hauptbildschirm von PartitionMagic auf *Anwenden* klicken. Klicken Sie stattdessen auf *Rückgängig*, werden alle Eingaben zurückgenommen.

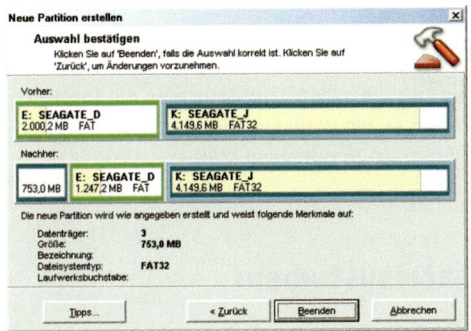

5 Das war es aber noch nicht ganz. Wenn Sie eine Bootpartiton im FAT- oder FAT32-Format definiert haben, muss diese Partition noch aktiviert werden. Was steckt dahinter? Sofern Sie auf einer Festplatte mehrere primäre Partitionen verwenden (bis zu vier sind möglich), muss eine dieser Partitionen aktiviert werden, damit das BIOS bzw. Betriebssystem überhaupt weiß, von welcher Partition gebootet werden soll. War bereits eine aktive Partition auf der Festplatte, von der Sie bisher gebootet haben, dann würde mit der Aktivierung der neuen Partition das System nicht mehr bootfähig sein, solange auf der neuen Partition kein Betriebssystem installiert ist. Wählen Sie deshalb das Menü *Partition/Speziell/Aktive Partition* aus.

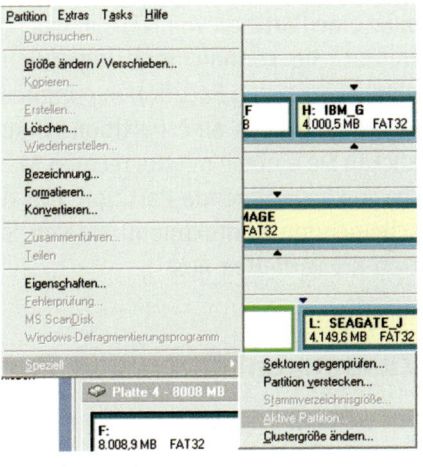

Bootsystempartition für Windows XP

Die berüchtigte 1.024-Zylinder-Grenze älterer BIOS-Versionen macht es unmöglich, eine Bootpartition anzulegen, die größer als maximal 8 GByte ist oder hinter der 1.024-Zylinder-Grenze der Festplatte beginnt. Wenn Sie noch über ein solches BIOS verfügen, dann können Sie mithilfe von PartitionMagic oder Fdisk (von DOS) zunächst eine kleine Bootpartition anlegen, die nicht größer als 50 MByte sein muss. 50 MByte reichen, um die wichtigsten Bootdateien in dieser Partition unterzubringen. Dahinter legen Sie einen zweite Partition (kann auch eine logische Partition in einer erweiterten Partition

Info

sein) an. Sie können die zweite Partition aber auch auf einer anderen Festplatte anlegen. Diese Partition ist dann die Startpartition, auf der dann Windows installiert wird. Wenn Sie Windows installieren, geben Sie nur die zweite Partition bzw. die logische Partition der erweiterten Partition an. Das Setup von Windows wird dann automatisch in der Bootpartition das Startmenü einrichten, um Windows zu starten.

Schnelles Konvertieren von Dateisystemem

Mit der Funktion zum Konvertieren von Partitionen können Sie nicht nur Dateisysteme untereinander konvertieren – zum Beispiel eine Partition von NTFS in das FAT32-Dateiformat. Sie können auch logische Partitionen einer erweiterten Partition in primäre Partitionen umwandeln. Um eine Partition zu konvertieren, klicken Sie einfach mit der rechten Maustaste auf die zu konvertierende Partition. Aus dem nun erscheinenden Kontextmenü wählen Sie den Eintrag *Konvertierten* aus.

Zusammenführen von Partitionen

Ein weiteres Highlight von PartitionMagic ist das Zusammenführen von zwei Partitionen. Allerdings ist die Funktion nur möglich, wenn die beiden Partitionen aneinander grenzen. Sie können also auch eine logische Partition mit einer erweiterten Partition zusammenführen. Bei dieser Aktion wird automatisch die neue Partitionsgröße berücksichtigt und die alte Partition gelöscht. Um zwei Partitionen zusammenzuführen, klicken Sie mit der rechten Maustaste auf eine der zusammenzuführenden Partitionen. Im Kontextmenü wählen Sie den Eintrag *Konvertierten* aus. Natürlich können Sie hierfür auch einen Assistenten über die Schaltfläche *Partitionen zusammenführen* auswählen. Allerdings geht es mit der rechten Maustaste schneller. Sie müssen nun einen Ordnernamen eingeben, in den der Inhalt der zweiten Partition kopiert werden soll. Nach dem Zusammenführen der Partitionen finden Sie dann das zweite Laufwerk in dem von Ihnen angegebenen Ordner wieder.

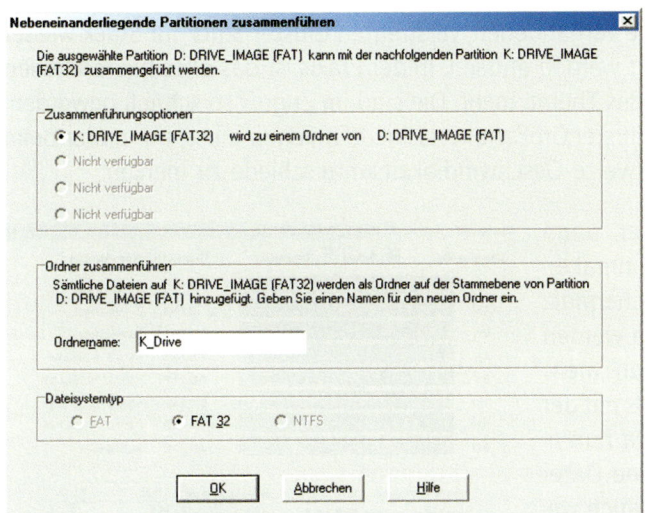

Speicherplatz effizienter nutzen durch Ändern der Cluster-Größe

Diese Funktion ist für ein schnelles Dateisystem wichtig. Beim Erstellen des Dateisystems unter Fdisk wird immer eine bestimmte Cluster-Größe (je nach Partitionsgröße) als Standard vorgegeben. Wenn Sie diese Cluster-Größe verkleinern, dann bleibt der Speicherplatz primär gleich. Nur die Art, wie Dateien darauf verteilt werden, ändert sich. Man erhält unterm Strich nur dann mehr effektiven Speicherplatz, sofern man viele kleine Dateien abspeichert, die kleiner als die Cluster-Größe sind, da eine Datei immer mindestens einen Cluster zum Speichern verwendet, auch wenn sie selbst kleiner ist. Durch kleinere Cluster kann man den vorhandenen Speicherplatz also effizienter nutzen ... physikalisch wird er dadurch aber nicht größer. Allerdings werden Sie dann beim Arbeiten mit dem Laufwerk feststellen, dass einige Arbeitsprozesse bei Verwendung kleiner Cluster langsamer werden. Dies hängt mit der Fragmentierung zusammen. Wenn Sie kleine Cluster nehmen, erhöht sich die Cluster-Anzahl für eine Datei, wodurch mehr Zugriffe auf die Festplatte gemacht werden müssen, als dies mit größeren Clustern der Fall wäre.

Allerdings: Wenn die Cluster einer Datei sequenziell hintereinander liegen – wie man es spätestens durch regelmäßiges Defragmentieren erreichen kann –, dann erfolgt das Einlesen genauso schnell. Beim Defragmentieren merkt man das z. B.

sehr deutlich, da hier ja die vorhandenen, verstreuten Cluster Stück für Stück wieder hintereinander gespeichert werden müssen. In der Praxis ist das alles bei modernen Festplatten auch kein großes Thema mehr. Die sind im Zugriff so schnell geworden, dass man schon heftige Cluster-Größenunterschiede anlegen muss, um außer beim Defragmentieren nennenswerte Geschwindigkeitsunterschiede zu merken.

Vergrößern Sie die Cluster, dann wird PartitionMagic erst einmal errechnen, ob dann der Speicherplatz für die Partition reicht. Sie werden nämlich unter Umständen mehr Speicherplatz benötigen als mit der kleineren Cluster-Größe. Da nun aber weniger Cluster für eine Datei benötigt werden, müssen auch weniger Zugriffe erfolgen, weshalb sich die Arbeitsgeschwindigkeit der

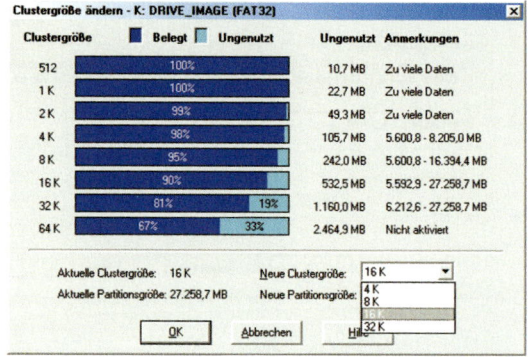

Festplatte erhöht. Um die Cluster-Größe zu ändern, klicken Sie die gewünschte Partition mit der rechten Maustaste an. Anschließend wählen Sie den Eintrag *Speziell/ Clustergröße ändern* aus. Über das Auswahlfeld *Neue Clustergröße* wählen Sie den gewünschten Wert aus. Der ungenutzte Speicher zeigt an, wie viel Speicherplatz auf dem Datenträger nicht genutzt werden kann. Dies hängt natürlich mit der Größe der ausgewählten Partition zusammen. In unserem Beispiel werden bei einer Cluster-Größe von *64 K* insgesamt *2.464,9 MB* auf der Partition nicht genutzt werden können.

Einfach die Partition vergrößern/verkleinern

Wenn Ihre Systempartition mal wieder aus allen Nähten platzt, dann hat PartitionMagic auch hier eine passende Option parat. Sie können nämlich bestehende Partitionen vergrößern oder verkleinern. Das Verkleinern stellt kein Problem dar. Beim Vergrößern hingegen muss sich vor oder hinter der zu vergrößernden Partition noch ein unpartitionierter Bereich befinden. Ist dies nicht der Fall, dann verkleinern Sie eine Partition vor oder hinter der zu vergrößernden Partition. Den dann frei werdenden Speicherbereich ordnen Sie der zu vergrößernden Partition zu. In der folgenden Anleitung wird eine Partition verkleinert, um eine davor liegende Partition vergrößern zu können.

1 Klicken Sie mit der rechten Maustaste auf die Partition, deren Größe Sie ändern möchten. Aus dem erscheinenden Kontextmenü wählen Sie den Eintrag *Größe ändern/Verschieben* aus.

2 Das folgende Fenster zeigt Ihnen die Speicherplatzbelegung der ausgewählten Partition an. Wichtig ist der Balken im oberen Fenster. Er zeigt zweifarbig den belegten und den freien Speicherplatz an. Der rechte hellere Balken zeigt den freien Speicherplatz an und der linke dunkle Balken zeigt den belegten Speicherplatz an. Sie können den belegten Speicherplatz allein schon durch die Verkleinerung der Clus-

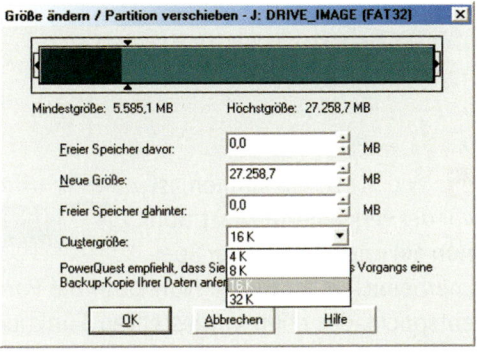

ter-Größe (Zuordnungseinheiten) ändern. Allerdings werden dadurch die Zugriffe auf die Festplatte erhöht, wodurch der Datendurchsatz in die Knie geht. Deshalb sollte die Verkleinerung über die Cluster-Größe nur das letzte Mittel sein, wenn Sie unbedingt Speicherplatz benötigen.

3 Klicken Sie mit der linken Maustaste einmal auf den nach rechts zeigenden kleinen Pfeil. Dann ziehen Sie die Maus in die andere Richtung. Die Partition wird nun verkleinert. Sie können das auch von der anderen Seite machen. Es geht darum, wo der freie Speicherplatz als unpartitionierter Speicher erstellt werden soll. Wenn Sie vor der zu verkleinernden Partition eine Partition vergrößern möchten, dann

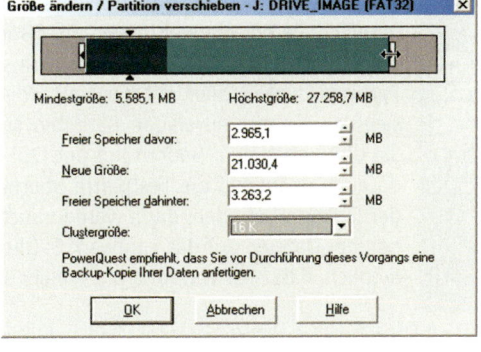

müssen Sie den Pfeil von der linken Seite nach rechts ziehen. In unserem Beispielbild haben wir von beiden Seiten die Partition verkleinert. So ist vor und hinter der Partition ein freier Bereich entstanden.

4 Sie können die Partition nun komplett nach links oder rechts verschieben. Klicken Sie hierzu direkt auf den zweifarbigen Balken. Bei gedrückter linker Maustaste schieben Sie dann den Balken in die gewünschte Richtung.

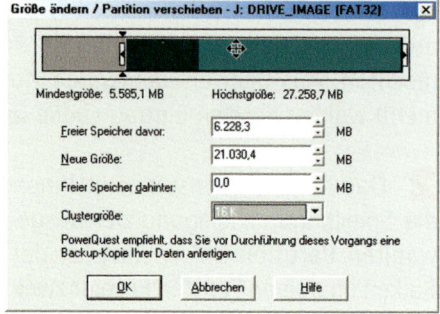

5 Wie Sie sehen können, ist vor der verkleinerten Partition nun ein unpartitionierter Spei-

cherbereich entstanden. Nun kann die Partition D: vergrößert werden. Die Funktion entspricht der eben vorgestellten Funktion zum Verkleinern einer Partition in der Vorgehensweise. Nur dass jetzt der freie Speicherbereich an Partition D: angehängt wird. Deshalb beschreiben wir diesen Vorgang nicht mehr gesondert.

FAT-System und Vergrößern/Verkleinern der Startpartition

Sollten Sie das FAT-Dateisystem und Windows 9.x verwenden und die Größe der Startpartition (Laufwerk C:) ändern wollen, dann werden eventuell wichtige Systemdateien (nämlich die Bootdateien *Io.sys* und *Msdos.sys*) verschoben, wodurch das System nicht mehr startfähig werden kann. In einem solchen Fall starten Sie nach dem Ändern der Partition den Rechner mit der Notfalldiskette. Achten Sie unbedingt darauf, dass es sich um die zum jeweiligen Betriebssystem passende Notfalldiskette handelt. Geben Sie dann nach dem Booten auf der DOS-Ebene den Befehl „SYS C:" ein, der die Startdateien erneut auf die Festplatte überträgt. Sollte sich eine falsche DOS-Version auf der Diskette befinden, dann werden auch die falschen bzw. nicht die richtigen Versionen der Dateien auf das Laufwerk C: (die Startpartition) übertragen. In dem Fall ist es möglich, dass sich Windows nicht mehr starten lässt.

Info

4. Datensicherung ist oberstes Gebot

Sicher, das haben Sie schon öfter gehört: Daten müssen gesichert werden. Wenn Sie einmal ein Windows-System erlebt haben, das nur noch mit einem blauen Bildschirm hochfährt oder das sich durch Systemabstürze auszeichnet, dann ist es für eine Sicherung bereits zu spät. Nun gibt es verschiedene Sicherungsstrategien. Es ist zum Beispiel nicht sinnvoll, alle 14 Tage die komplette Festplatte zu sichern. Sinnvoller ist es, die Festplatte alle drei Monate zu sichern. Dazwischen sichern Sie nur die Daten, die seit der letzten Änderung geändert wurden. In den nachfolgenden Schrittanleitungen werden Sie lernen, wie Sie das Backup-System am besten einsetzen, das Microsoft bereits bei Windows 98/ME und Windows XP mitliefert. Da sich beide Versionen voneinander unterscheiden, werden beide Backup-Systeme getrennt behandelt. In den folgenden Schrittanleitungen werden Sie alle Dateien sichern, die für das Windows–Betriebssystem wichtig sind. Natürlich können Sie auch mit dem Windows-Backup die komplette Festplatte sichern.

Info

Melden Sie sich richtig an

Es ist sehr wichtig, dass Sie sich unter Windows XP mit einem Konto anmelden, das Administratorrechte hat. Melden Sie sich mit einem Konto an, das beschränkte Rechte hat, dann können Sie nicht die gesamte Partition mit dem Betriebssystem sichern. Anders ist dies mit dem Programm Drive Image (DOS), da Sie hier die komplette Partition sichern, ohne jedoch Windows zu starten. Nähere Informationen zu Drive Image finden Sie in dem Abschnitt „Drive Image für solide Sicherungen".

Windows XP-System sichern

Zunächst werden Sie die Sicherung über die so genannten Wizards oder Assistenten kennen lernen. Allerdings werden Sie auch bei diesen Wizards mit einigen Fenstern und Abfragen konfrontiert, was das Sichern nicht unbedingt einfacher macht. Deshalb erläutern wir innerhalb der Schrittanleitung die wichtigsten Optionen.

Info

Backup, wo bist du?

In der Windows XP Home Edition müssen Sie das Backup-Programm erst von Hand installieren. Hierzu benötigen Sie die Windows XP-CD. In dem Ordner *Valueadd\Msft\ Ntbackup* befindet sich das Programm *Ntbackup.msi*. Doppelklicken Sie auf diese Datei. Danach installieren Sie das Backup auf den Zielrechner. Nachdem das Programm installiert worden ist, können Sie es über das Menü *Start/Programme/Zubehör/Systemprogramme/Sicherung* starten.

4. Datensicherung ist oberstes Gebot

1 Starten Sie das Sicherungssystem über die *Start*-Schaltfläche. Sie finden das Programm unter *Start/Programme/Zubehör/Systemprogramme/ Sicherung*.

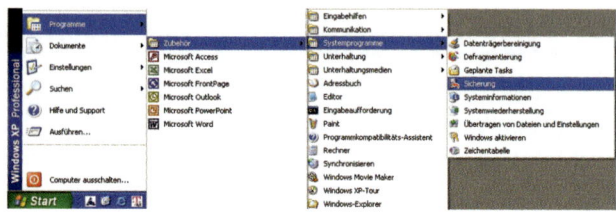

2 Es erscheint das Sicherungsprogramm. Nun werden die beiden verschiedenen Sicherungsarten dieses Programms gezeigt.

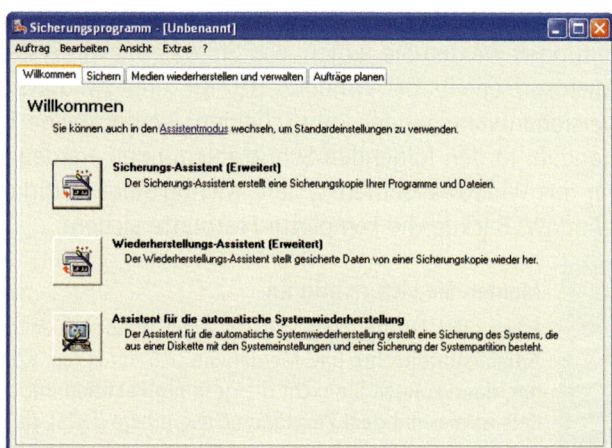

Assistent für die automatische Systemwiederherstellung

Beginnen wir damit, das gesamte Laufwerk zu sichern, auf dem sich das Windows-System befindet.

1 Klicken Sie auf die Schaltfläche *Assistent für die automatische Systemwiederherstellung*. Sie werden sich vielleicht fragen, wieso Systemwiederherstellung? Ich will doch erst Dateien sichern! Das ist halt Windows, wie es leibt und lebt. Zum Beenden von Windows müssen Sie ja auch erst die Schaltfläche *Start* anklicken.

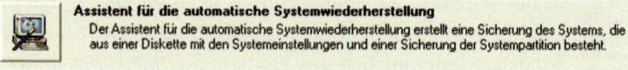

2 Es erscheint ein Willkommensbildschirm, der Ihnen ein paar Informationen zur Datensicherung gibt. So erfahren Sie zum Beispiel, dass auch eine Diskette benötigt wird. Mit dieser Diskette können Sie die Festplatte wiederherstellen, ohne Windows hochfahren zu müssen. Klicken Sie auf die Schaltfläche *Weiter*.

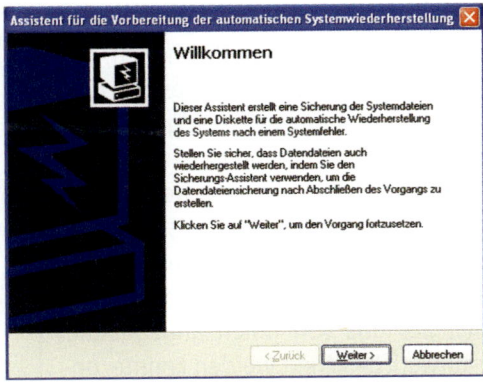

3 Sie werden nun aufgefordert, ein Verzeichnis anzugeben, in das die Kopie der Festplatte erstellt werden soll. Die Festplatte wird in dieses Verzeichnis nicht Datei für Datei kopiert, also quasi gespiegelt, sondern alle Dateien werden in einer großen Datei zusammengefasst. Sie sollten deshalb die Festplatte als Sicherungsmedium auswählen, auf der auch noch am meisten freier Speicherplatz ist. Klicken Sie auf die Schaltfläche *Durchsuchen*, um eine

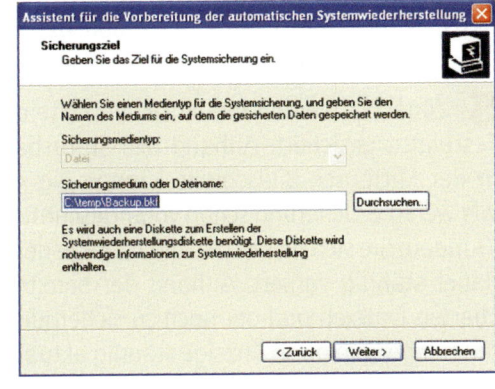

andere Festplatte oder/und ein anderes Sicherungsverzeichnis auszuwählen.

Festplattensicherung und Sicherungsdateien vereint

Sie können auch ein Verzeichnis auf der Partition auswählen, die gesichert werden soll. Wenn beispielsweise die Partition C: gesichert werden soll, dann können Sie als Sicherungsverzeichnis auch *C:\Temp* angeben. Dies ist deshalb möglich, da das Sicherungsprogramm alle Dateien ermittelt, bevor die Sicherungsdaten auf die Festplatte geschrieben werden. Somit ist unmöglich, dass die Sicherungsdateien immer Verzeichnis *C:\Temp* wieder gesichert werden. Danach sollten Sie aber die Sicherungsdatei schnellsten auf eine CD brennen. Wenn das Image nicht ganz draufpasst, dann sollten Sie die Datei aufsplittern in 650/700 MByte Häppchen.

Info

4 Nachdem Sie das geeignete Siche-
rungslaufwerk ausgewählt haben, klicken Sie auf *Weiter*. Wie das bei den
Assistenten so üblich ist, folgt ein neuer Bildschirm. Es handelt sich lediglich
um eine Informationsseite, weshalb Sie
auf die Schaltfläche *Fertig stellen* klicken. Falls Sie sich gewundert haben,
dass die gesamte Festplatte tatsächlich auf das von Ihnen angegebene
Laufwerk gesichert werden konnte, ohne dass Sie eine Meldung über zu we-

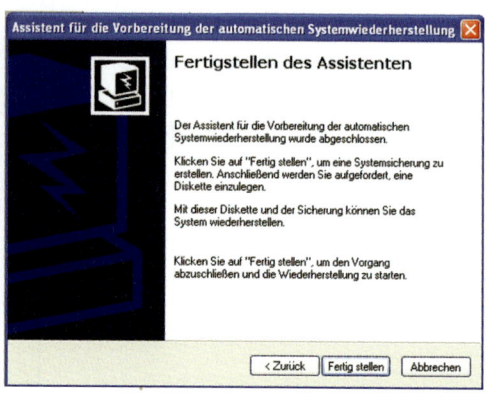

nig Speicherkapazität erhalten haben, dann warten Sie mal ab, was nach der Ermitt-
lung der zu sichernden Daten noch kommt.

5 Zunächst werden die einzelnen Dateien der
Festplatte gesichert. Anhand des Statusbalkens
in der Mitte des Bildschirms können Sie sehen,
wie weit die Sicherung schon vorangeschritten ist.
Wundern Sie sich nicht, dass die Anzeige der Restdauer ständig variiert. Anhand der bereits gesicherten Dateien und der noch zu sichernden Datenmenge wird diese Anzeige ständig aktualisiert.
Erst nach der Sicherung von circa 15 % der Datei-
en wird die Anzeige der Restdauer etwas genau-
er. Hinter dem Eintrag für Dateien im rechten Feld
sehen Sie die Anzahl der noch zu sichernden Dateien. Auch die Anzeige der Bytes wird ständig

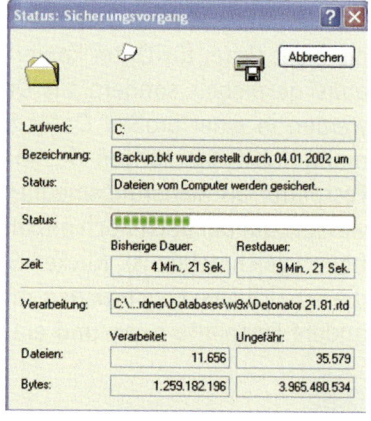

aktualisiert. Am Ende der Sicherung werden Sie feststellen, dass anscheinend weniger Bytes verarbeitet worden sind, als in der rechten Spalte unter *Ungefähr* angegeben wurden. Nicht dass Sie der Meinung sind, die Programme würden schrumpfen.
Nein, die Byte-Anzahl unterscheidet sich, weil das Sicherungssystem versucht, die
einzelnen Dateien während der Sicherung zu komprimieren.

6 Nachdem die Sicherung abgeschlossen ist, werden Sie dazu aufgefordert, eine
unformatierte Diskette in das Diskettenlaufwerk einzulegen. Es muss sich um eine
HD-3,5-Zoll-Diskette handeln, die über eine Kapazität von 1,44 MByte verfügt. Alle
Daten auf der Diskette müssen vorher gelöscht werden.

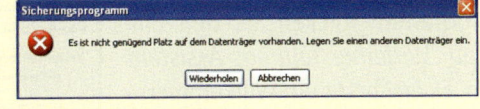

Am besten formatieren Sie die Diskette neu. Hierzu klicken Sie im Fenster *Arbeitsplatz* mit der rechten Maus auf das Disketten-laufwerk. Dort wählen Sie den Eintrag *Formatieren* aus. Klicken Sie nach dem Einlegen der Diskette in das Laufwerk auf *OK*.

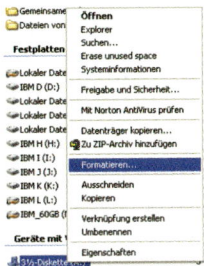

Info

Wenn der Diskettenplatz nicht reicht

Sollten Sie beim Formatieren der Diskette diese Fehlermeldung erhalten, dann haben Sie zwar eine 3,5-Zoll-Diskette in das Laufwerk eingelegt, diese verfügt aber nur über eine Kapazität von 720 KByte.

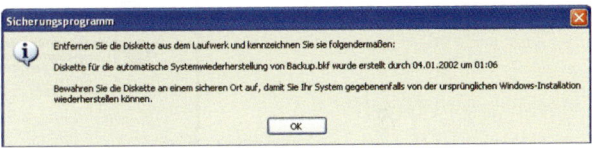

7 Nachdem die Sicherungs-daten auf die Diskette ge-schrieben worden sind, müs-sen Sie die Diskette noch be-schriften. Es erscheint ein Fenster, in dem ein Vorschlag zur Beschriftung angezeigt wird. Bewahren Sie diese Diskette gut auf, da sie zur Wiederherstellung der gesicherten Daten benötigt wird.

Info

Wenn der Festplattenplatz nicht reicht

Nun kommt sie also doch, die Fehlermeldung mit zu wenig Speicherplatz. Viel-leicht fragen Sie sich, wes-halb eigentlich nicht vor der Datensicherung die benötigte Kapazität berechnet wird. Dies hängt damit zusam-men, dass die einzelnen Dateien beim Sichern komprimiert werden. Deshalb kann vor der Sicherung nicht genau ausgerechnet werden, wie viel Speicherplatz insgesamt für die Sicherung benötigt wird.

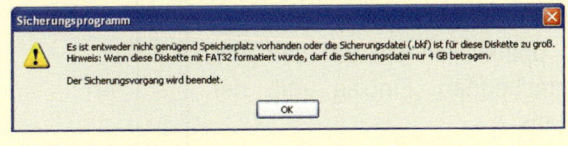

Windows XP wiederherstellen

Die Wiederherstellungsprozedur von Windows XP ist der Datensicherung sehr ähnlich. Es kommt jedoch ein neuer Assistent zum Einsatz.

1 Starten Sie das Sicherungssystem über die *Start*-Schaltfläche. Sie finden das Programm unter *Start/Programme/Zubehör/Systemprogramme/Sicherung*.

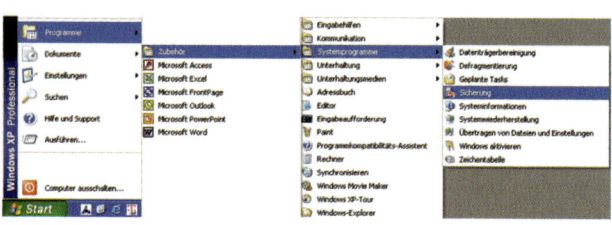

2 Es erscheint das Sicherungsprogramm. Klicken Sie den Eintrag *Widerherstellungs-Assistent* an. Es erscheint ein Willkommensbildschirm, den Sie durch das Anklicken der Schaltfläche *Weiter* überspringen.

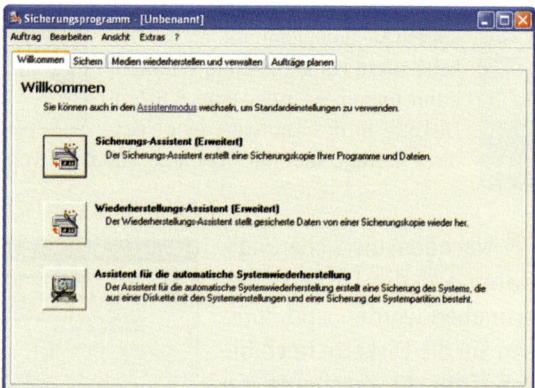

3 Ein weiteres Fenster präsentiert sich. Dort sind alle Backups aufgeführt, die bisher erstellt worden sind. Auch das von Ihnen erstellte System-Backup ist dabei. Doppelklicken Sie auf den entsprechenden Eintrag mit der Maus.

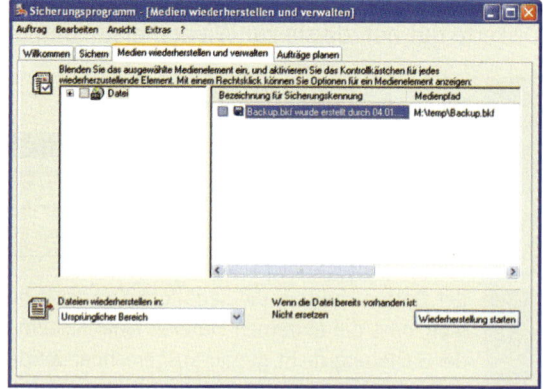

4 Es werden nun alle Diskettensätze eingeblendet, die im gesicherten Backup enthalten sind. Welche Dateien in den einzelnen Diskettensätzen enthalten sind, erfahren Sie, wenn Sie in dem linken Fenster die einzelnen Laufwerke anklicken. Unter *System State* erfahren Sie, welche Systemdateien in dem Sicherungssatz enthalten sind. Zum Abschluss Ihrer Auswahl klicken Sie wieder auf *Weiter*.

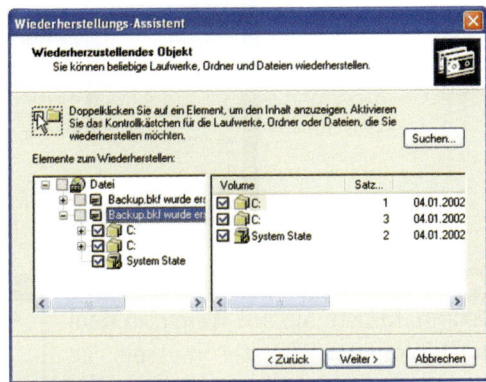

5 Nun haben Sie alle wichtigen Angaben gemacht. In dem nachfolgenden Bildschirm klicken Sie auf die Schaltfläche *Fertig stellen*. Ein Fenster weist Sie anschließend darauf hin, dass der aktuelle Systemstatus überschrieben wird.

Übertragen von Dateien und Einstellungen

Ein komplettes Backup von Windows haben Sie ja schon erstellt. Nun ist es aber auch möglich, lediglich einzelne Dateien und Einstellungen zu sichern. Diese Methode ist besonders dann sehr effektiv, wenn Sie beispielsweise Windows neu einrichten müssen oder es auf einen anderen Computer oder auf einer anderen Festplatte installieren wollen. Dann wäre es ja gut, wenn alle bisherigen Einstellungen zu Word, Excel etc. gleich auf das neue System übertragen werden könnten. Hierzu dient die Systemsoftware Übertragen von Dateien und Einstellungen. Nachfolgend zeigen wir Ihnen, wie die Einstellungen gesichert werden.

1 Starten Sie das Programm über *Start / Programme / Zubehör / Systemprogramme / Übertragen von Dateien und Einstellungen*.

4. Datensicherung ist oberstes Gebot

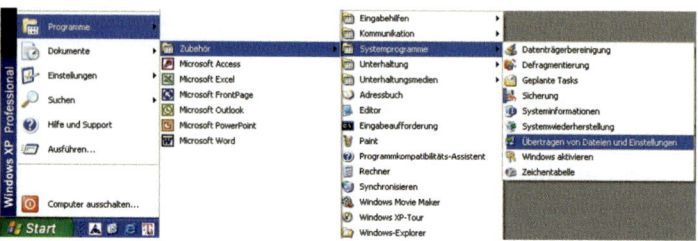

2 Es erscheint ein Willkommensbildschirm. Klicken Sie auf *Weiter*. In dem nachfolgenden Fenster müssen Sie den Eintrag *Quellcomputer* mit der Maus anklicken. Danach klicken Sie erneut auf die Schaltfläche *Weiter*.

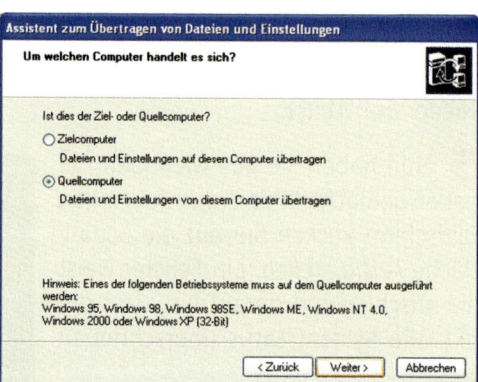

3 Das Programm ermittelt nun alle Dateien, die für die Übertragung in Frage kommen. Ein neues Fenster erscheint, in dem Sie auswählen können, wohin die Dateien gespeichert werden sollen. Falls Sie sich für das Diskettenlaufwerk entscheiden, sollten Sie bedenken, dass Sie dann in den meisten Fällen mehrere Disketten benötigen werden. Sie können alternativ auch ein Verzeichnis auswählen. Hierzu klicken Sie auf *Anderer Datenträger*. Dort kön-

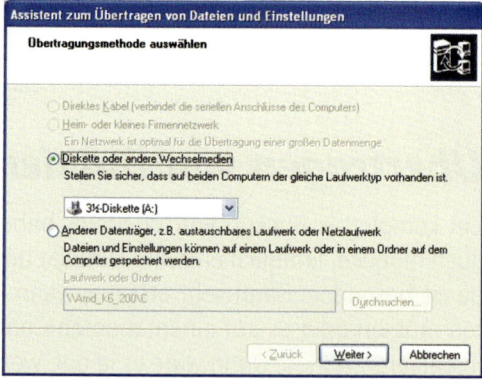

nen Sie dann ein Verzeichnis Ihrer Wahl angeben. Ist der Zielcomputer bereits via Netzwerk mit Ihrem Rechner verbunden, dann können Sie die Dateien direkt auf den Zielcomputer überspielen, sofern Sie eine Netzwerkfreigabe für ein Laufwerk auf den Zielcomputer haben. Zum nächsten Fenster gelangen Sie durch Anklicken der bekannten *Weiter*-Schaltfläche.

4 Wundern Sie sich nicht, wie viele Einstellungen und Dateien von Windows gesichert werden wollen. Es kommt schon eine Menge zusammen. Sie können sich übrigens anzeigen lassen, welche Daten unter *Einstellungen* und *Dateien* jeweils gesichert werden. Hierzu werden mehrere Auswahlschaltflächen eingeblendet. Sie können die zu übertragenden Dateien auch selbst bestimmen, indem Sie das Feld *Auswählen einer benutzerdefinierten*

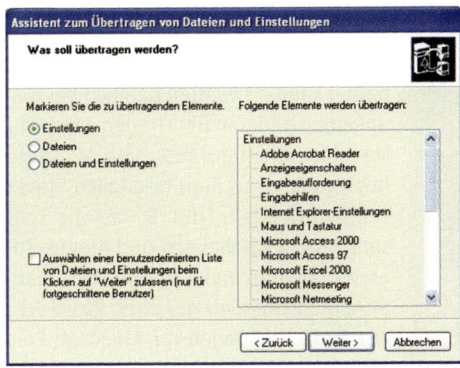

Liste anklicken. Im Rahmen unserer kleinen Anleitung würde das jedoch zu weit vom Thema wegführen. Deshalb wählen Sie diese Option nicht aus und klicken einfach auf die Schaltfläche *Weiter*.

5 Es erscheint eventuell ein weiteres Fenster, das Sie darauf hinweist, dass Sie bestimmte Programme auf dem Zielcomputer erst installieren müssen, bevor Sie die gespeicherten Einstellungen übertragen können. Möchten Sie beispielsweise Einstellungen des Programms Acrobat Reader übertragen, dann müssen Sie dieses Programm zuvor auf dem Zielcomputer auch installiert haben.

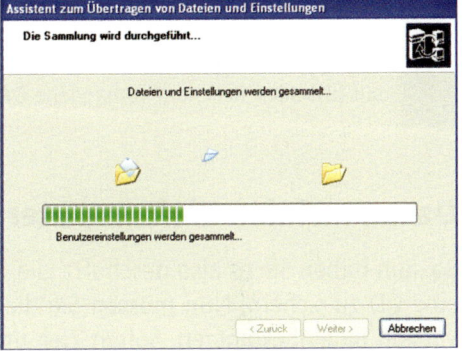

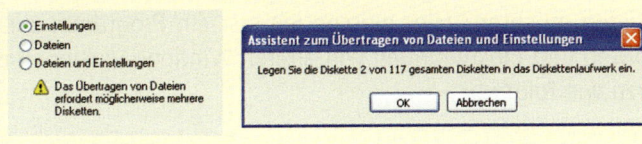

Info

Übertragen von Dateien und Einstellungen hält nicht immer, was es verspricht

Das Sichern der Dateien und Einstellungen von XP verspricht deutlich mehr, als es halten kann. Es werden nämlich bei weitem nicht alle Einstellungen von einem Rechner auf einen anderen übertragen. Und schon gar keine Programme. Versucht man z. B., die komplette Konfiguration von MS-Outlook von einem Quell- auf einen Zielrechner zu übertragen, wird man feststellen, dass etliche Konfigurationen nicht mit übernommen wurden. Das betrifft z. B. fast die komplette Oberflächen-Konfiguration (z. B. Anpassung von Symbolleisten und Menüs, Ansichtseinstellungen, die nicht in den PST-Dateien von Outlook mit abgespeichert werden etc.). Auch werden Konto-Einstellungen aus Sicherheitsgründen nur ohne Passwort übertragen. Der Assistent kann außerdem auch nur die Einstellungen von Microsoft-Programmen und einiger weniger Fremdprogramme (z. B. dem Acrobat Reader und WinZip) übernehmen. Die meisten anderen Programme werden dagegen „ignoriert". Ein weiteres Problem der Funktion: Lässt man nicht nur die Einstellungen, sondern auch Dateien sichern, kopiert Windows mehr oder weniger wahllos alle registrierten Dateien mit in die Sicherung, was diese (je nach Umfang der vorhandenen Daten) riesig werden lassen kann. Es ist daher zu empfehlen, mit dieser Funktion nur Einstellungen zu kopieren, aber keine Dateien. Diese sollte man lieber manuell über ein Netzwerk oder einen Datenträger (z. B. eine CD-R) auf den anderen Rechner übertragen. Dabei kann man dann auch gleich wieder etwas Ordnung in das auf fast allen Rechnern vorhandene Daten- und Ordner-Chaos bringen.

Daten auf den Zielcomputer übertragen

So, nun haben Sie es also geschafft, die wichtigsten Daten auf eine Festplatte oder eine CD zu sichern. Nun müssen Sie die Daten allerdings in die andere Windows-Version hineinbekommen. Sofern Ziel- und Quellcomputer über Windows XP verfügen, ist das nicht weiter schwierig. In der vorigen Schrittanleitung unter Punkt *2* haben Sie den Quellcomputer bestimmt. Nun müssen Sie lediglich den Zielcomputer einstellen und dann auswählen, von wo aus die Daten installiert werden sollen – also das Verzeichnis auf der Festplatte oder CD angeben, unter dem Sie die Einstellungen gespeichert haben. Das war es dann auch schon.

Was aber ist, wenn Sie die Einstellungen von Windows 95, 98/Se oder ME nach Windows XP importieren möchten? Hier müssen Sie erst ein Programm zur Verfügung stellen, dass Daten und Einstellungen von älteren Windows-Versionen ermöglicht. Gehen Sie hierzu wie folgt vor:

1 Starten Sie das Programm über *Start/Programme/Zubehör/Systemprogramme/Übertragen von Dateien und Einstellungen*.

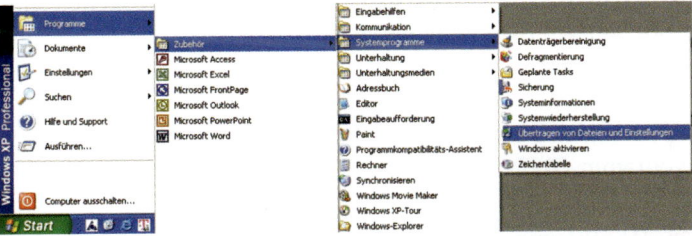

2 Es erscheint ein Willkommensbildschirm. Klicken Sie auf *Weiter*. In dem nachfolgenden Fenster müssen Sie den Eintrag *Zielcomputer* mit der Maus anklicken. Danach klicken Sie erneut auf die Schaltfläche *Weiter*.

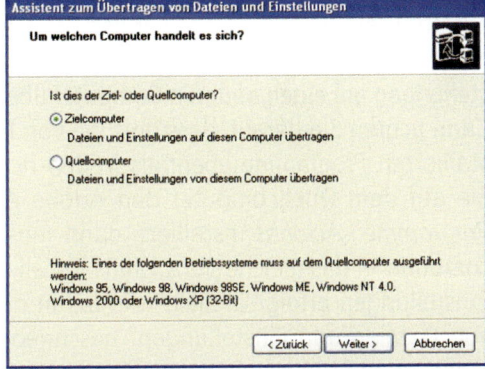

3 Nun müssen Sie eine 3,5-Zoll-Diskette zur Verfügung haben. Auf dieser Diskette wird das Programm kopiert, das auf dem älteren Windows-System die Daten und Einstellungen sammeln wird, die auf das Windows XP-System übertragen werden sollen. Da das Laufwerk A: bereits ausgewählt ist, müssen Sie lediglich auf die Schaltfläche *Weiter* klicken.

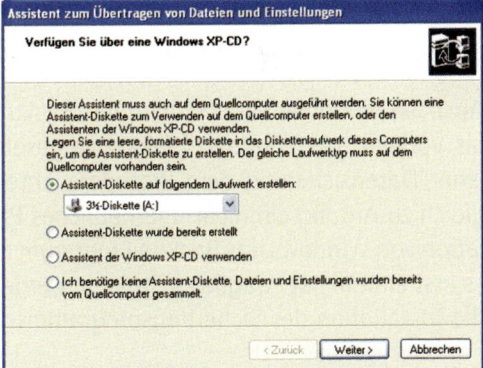

Am besten formatieren Sie die Diskette neu. Hierzu klicken Sie im Fenster *Arbeitsplatz* mit der rechten Maus auf das Diskettenlaufwerk. Dort wählen Sie den Eintrag *Formatieren* aus. Klicken Sie nach dem Einlegen der Diskette in das Laufwerk auf *OK*.

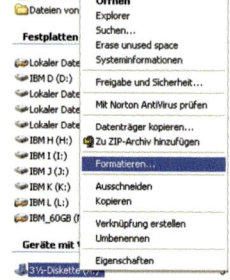

4 Auf der Diskette befindet sich nun das Programm *FASTWiz.exe*.

5 Das Programm wird unter der älteren Windows-Version gestartet, indem Sie zunächst *Start/Ausführen* aufrufen. In dem erscheinenden Fenster geben Sie „a:\fastwiz" ein. Sollten Sie die Dateien und Einstellungen auf einen anderen Computer übertragen, dann achten Sie darauf, dass dort die von Ihnen in

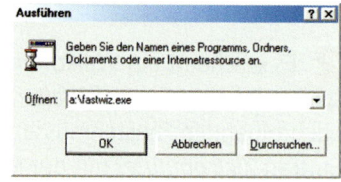

stallierten Programme ebenfalls in den richtigen Ordnern vorhanden sind. Haben Sie auf dem Quellcomputer den Adobe Acrobat Reader in das Verzeichnis *C:\ Programme\Acrobat* installiert, dann muss dieses Programm auch auf dem Zielcomputer in das gleiche Verzeichnis installiert werden. Das Erstellen der Daten und Einstellungen erfolgt ähnlich wie das in der vorigen Schrittanleitung „Übertragen von Dateien und Einstellungen" beschrieben ist. Deshalb gehen wir hierauf nicht mehr gesondert ein.

Backup mit Windows 98/ME

Auch bei Windows 98/ME wird ein Backup-Programm mitgeliefert, das sozusagen als Vorlage zum Windows XP-Backup gesehen werden darf. Insofern ist der Ablauf einer Datensicherung dem Prozedere unter Windows XP ähnlich. Allerdings kann gleich zu Anfang ein nicht unerhebliches Problem auftauchen. Wenn bei der Installation von Windows das Backup-Programm nicht mitinstalliert worden ist, dann muss es erst einmal nachträglich installiert werden. Also wird vor dem Sichern erst einmal die Installation des Sicherungsprogramms beschrieben.

Wo bist du, Backup?

Sofern Sie bei der Installation von Windows auf einer Minimalinstallation bestanden haben, ist das Backup-Programm nicht installiert worden. Sollten Sie eine fertige Installation bereits bei der Lieferung Ihres Rechners oder Notebooks mitgeliefert bekommen haben, kann es auch sein, dass das Backup-Programm mit Nichtanwesenheit glänzt. Nun zeigen wir Ihnen, wie Sie nachträglich das Backup-Programm installieren.

1 Zur Installation des Backup-Programms müssen Sie zunächst die Systemsteuerung aufrufen. Dies können Sie entweder über den Arbeitsplatz machen oder über das Startmenü. Wählen Sie *Start/Einstellungen/Systemsteuerung* aus.

2 Suchen Sie das Symbol für die Software aus. Notfalls müssen Sie über die Bildschirm-

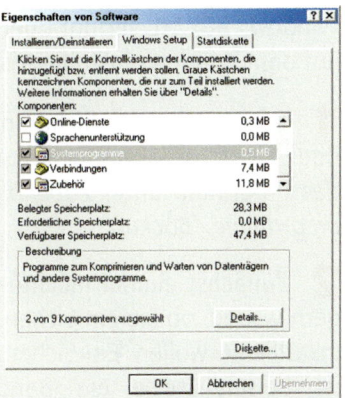

laufleiste erst ein wenig nach unten ziehen. Starten Sie dann die Software mit einem Doppelklick.

3 Ein neues Fenster wird geöffnet. Dort klicken Sie mit der Maus auf das Register *Windows Setup*. Nun dauert es ein paar Sekunden, bis Windows ermittelt hat, welche Windows-Programme auf Ihrem Rechner installiert sind. Klicken Sie anschließend auf den Eintrag *Systemprogramme*. Sie müssen hierzu die Bildlaufleiste nach unten ziehen, damit dieser Eintrag erscheint. Anschließend klicken Sie auf die Schaltfläche *Details*.

4 Der Inhalt im oberen Teil des Fensters wird ausgetauscht. Gleich der erste Eintrag ist das Backup-Programm. Sollten Sie dort bereits einen kleinen Haken sehen, ist das Programm bereits auf Ihrem Rechner installiert. In diesem Fall können Sie die nachträgliche Installation abbrechen und mit der nächsten Schrittanleitung für die Datensicherung fortfahren. Andernfalls klicken Sie mit der Maus auf das kleine Quadrat vor dem Eintrag *Backup*. Dort erscheint dann ein kleiner Haken. Ist dies geschehen, geht es weiter, indem Sie

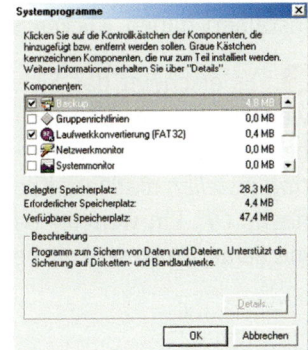

die Schaltfläche *OK* anklicken. Es erscheint das vorherige Fenster. Dort klicken Sie wiederum auf *OK*.

5 Windows präsentiert nun ein neues Fenster, in dem die einzelnen Dateien angezeigt werden, die zur Installation des Backup-Programms notwendig sind. Anschließend muss das System neu

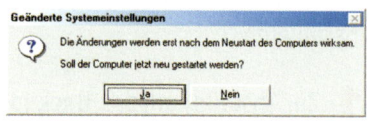

gestartet werden. Beenden Sie alle noch laufenden Programme, bevor Sie mit der Maus auf die Schaltfläche *Ja* klicken. Nach dem nächstem Systemstart steht dann das Backup-Programm zur Verfügung.

Windows 98/ME sichern

Nun kann es losgehen mit dem Sichern der Daten unter Windows 98/ME. Auch Windows 98/ME verfügt über eine Art Assistenten, der das Sichern des Laufwerks, auf dem Windows installiert ist, erleichtert.

1 Starten Sie das Sicherungssystem über die *Start*-Schaltfläche. Sie finden das Programm unter *Zubehör/System-programme/Backup*.

2 Zunächst einmal möchte Windows gern wissen, ob Sie ein Sicherungsgerät installieren wollen. Ein Sicherungsgerät ist beispielsweise ein Bandlaufwerk

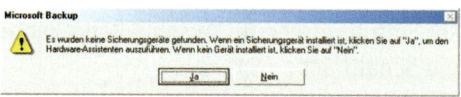

(auch Streamer genannt). Wir gehen davon aus, dass Sie ein solches Gerät nicht installiert haben. Klicken Sie deshalb die Schaltfläche *Nein* an.

3 Es erscheint das Sicherungsprogramm. Ein weiteres Fenster betritt die Bildfläche. Dort ist bereits der Eintrag *Einen neuen Sicherungsauf-trag erstellen* markiert. Klicken Sie auf die Schaltfläche *OK*. Ein weiterer Bildschirm wird Sie nun mit seiner Anwesenheit beglücken.

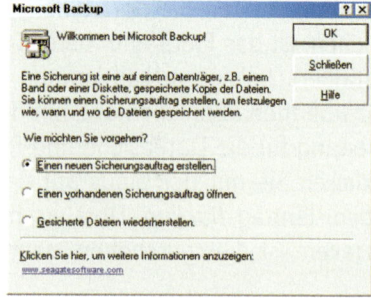

4 Auch in diesem Fenster ist bereits ein Eintrag angewählt. Hinter dem Punkt *"Arbeitsplatz" sichern* verbirgt sich die Komplettsicherung aller Laufwerke. Das ist meistens nicht notwendig, da ja nur die Festplatte gesichert werden soll, auf der das Windows-Betriebssystem installiert ist. Klicken Sie deshalb den Eintrag *Markierte Dateien, Ordner und Laufwerke sichern* an. Anschließend klicken Sie auf die Schaltfläche *Weiter*.

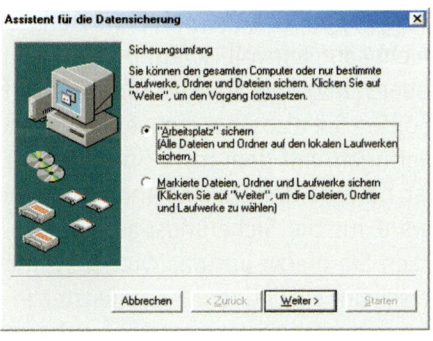

5 Es wird ein Fenster eingeblendet, in dem alle Laufwerke aufgeführt sind, die in Ihrem System vorhanden sind. Wählen Sie nun das Laufwerk aus, auf dem das Windows-Betriebssystem installiert ist. In den meisten Fällen ist es das Laufwerk C:. Klicken Sie mit der Maus auf das kleine quadratische Kästchen vor dem Laufwerk. Danach klicken Sie auf die Schaltfläche *Weiter*.

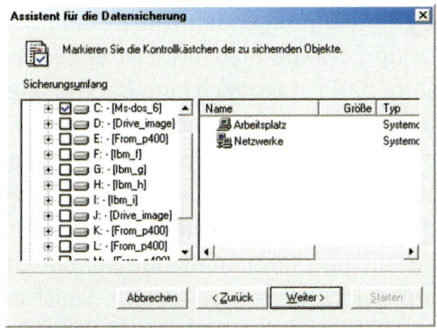

6 Weiter geht es mit dem nächsten Fenster. Hier ist die richtige Auswahl angegeben, denn es sollen alle markierten Dateien gesichert werden. Jetzt fragen Sie sich wahrscheinlich, wieso eigentlich markierte Dateien gesichert werden, obwohl Sie keine Dateien markiert haben. Das hat Windows bereits für Sie getan. Wenn Sie also Windows auf Laufwerk C: installiert haben, dann wurden bereits in dem Backup-Fenster, das hinter dem Assistenten für die Datensicherung liegt, alle Dateien von Laufwerk C: für das Backup markiert. Klicken Sie also einfach auf die Schaltfläche *Weiter*.

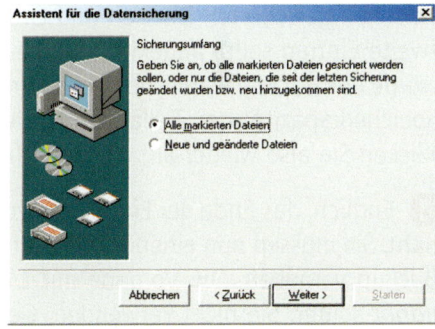

7 Nun erscheint das nächste Fenster. Dort müssen Sie angeben, wohin das Backup erstellt werden soll. Die Festplatte wird in dieses Verzeichnis nicht Datei für Datei kopiert. Vielmehr werden alle Dateien in einer großen Datei zusammengefasst. Die

Vorgabe mit *C:\MyBackup.qic* ist natürlich nicht sehr sinnvoll, sofern die Festplatte C: über wenig freie Speicherkapazität verfügt. Sollten Sie also über ein weiteres Laufwerk verfügen, auf dem mehr Speicherplatz frei ist, dann sollten Sie eine andere Ordnerauswahl für die Sicherungsdatei treffen. Klicken Sie hierzu auf das Ordner-Symbol. Es erscheint ein Ordnerauswahlfenster, in dem Sie dann das gewünschte Laufwerk auswählen können. Zum Abschluss klicken Sie auf *Weiter*.

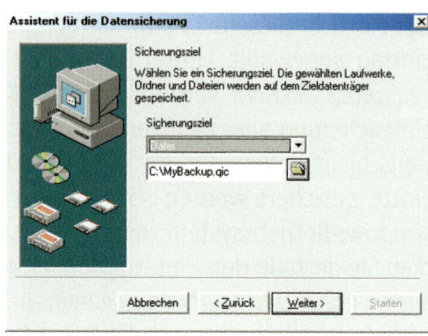

8 In dem folgenden Fenster sind bereits beide Einträge markiert. Der erste Eintrag sorgt dafür, dass nach dem Backup alle Dateien noch einmal verglichen werden, um die Sicherung zu überprüfen. Diese Option sollte auch aktiviert bleiben. Achten Sie jedoch darauf, dass während des Backups keine anderen Programme laufen, die Daten auf dem Laufwerk verändern. Sonst erhalten Sie beim Vergleich die Meldung, dass

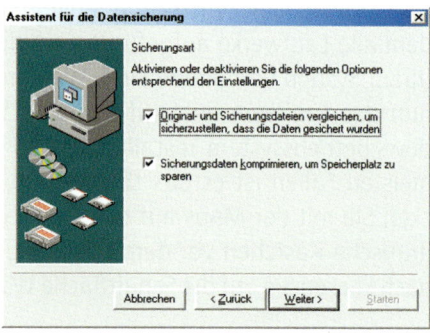

zwischen gesicherten Dateien und Originaldateien Differenzen bestehen. Auch der zweite Eintrag sollte angeklickt bleiben. Denn ohne das Komprimieren der Dateien würde das Backup wahrscheinlich kaum auf ein anderes Laufwerk passen, sofern die Speicherkapazität des Ziellaufwerks kleiner ist als die des zu sichernden Laufwerks. Klicken Sie also wieder auf die Schaltfläche *Weiter*.

9 Endlich, das Ende der Eingabeprozedur naht. Sie müssen nun einen Namen für das Backup vergeben. Die Vorgabe mit *Unbenannt* sollten Sie nicht verwenden. Geben Sie stattdessen lieber einen markanten Text ein – beispielsweise „Sicherung Laufwerk C vom 05122002". Das Backup kann nun beginnen. Klicken Sie zum Abschluss auf die Schaltfläche *Starten*.

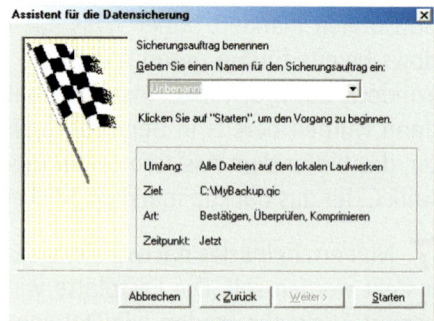

10 Nun werden erst einmal alle Dateien ermittelt, die für das Backup in Frage kommen. Gleichzeitig wird der ungefähre Speicherbedarf errechnet. Dieser Vorgang kann schon ein paar Minuten andauern. Also verlieren Sie nicht die Geduld.

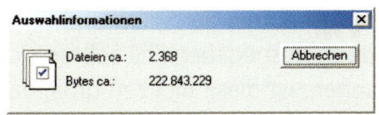

11 Anschließend werden die einzelnen Dateien der Festplatte gesichert. Anhand des Statusbalkens in der Mitte des Bildschirms können Sie sehen, wie weit die Sicherung schon vorangeschritten ist. Hinter dem Eintrag für Dateien im rechten Feld sehen Sie die Anzahl der noch zu sichernden Dateien. Auch die Anzeige der Bytes wird ständig aktualisiert. Am Ende der Sicherung werden Sie feststellen, dass anscheinend weniger Bytes verarbeitet worden sind, als in der rechten Spalte unter *Verarbeitet* angegeben wurden. Nicht dass Sie der Meinung sind, die Programme würden schrumpfen. Nein, die Byte-Anzahl unterscheidet sich, weil das Back-

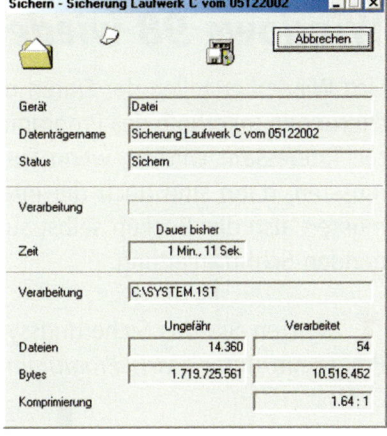

up-System, die einzelnen Dateien während der Sicherung komprimiert. Übrigens werden Sie die Prozedur zweimal miterleben. Nachdem nämlich Ihre Daten gesichert worden sind, werden sie anschließend noch einmal überprüft. Deshalb wird der Statusbalken nach der Sicherung noch einmal am Anfang beginnen.

Info

Wenn der Festplattenplatz nicht reicht
Nun kommt sie also doch, die Fehlermeldung mit zu wenig Speicherplatz. Vielleicht fragen Sie sich, weshalb eigentlich nicht vor der Datensicherung die benötigte Kapazität ausgerechnet wird. Dies hängt damit zusammen, dass die einzelnen Dateien beim Sichern komprimiert werden. Deshalb kann vor der Sicherung nicht ausgerechnet werden, wie viel Speicherplatz insgesamt für die Sicherung benötigt wird.

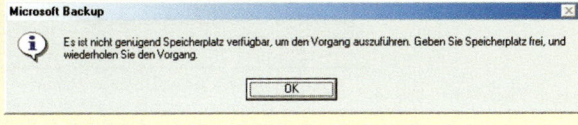

12 Sofern der Speicherplatz gereicht hat, wird eine Erfolgsmeldung ausgegeben. Sie sollten sich die Sicherungsdatei einmal ansehen. Ist diese nicht zu groß, dann können Sie diese auf eine CD brennen. Das spart Speicherplatz auf der Festplatte.

Windows 98 wiederherstellen

Das Wiederherstellen der Daten nach einer Sicherung ist recht einfach. Da alle Sicherungen innerhalb des Programms registriert werden, ist die Auswahl umso leichter. Interessant wird es, wenn Sie zum Beispiel Windows 98/ME neu installieren mussten, dann sind auch die internen Einträge im Programm verschwunden. Sie müssen also das Backup selbst suchen. Aber auch das erklären wir in der nachfolgenden Schrittanleitung.

1 Starten Sie das Sicherungssystem über die *Start*-Schaltfläche. Sie finden das Programm unter *Start/Programme/Zubehör/Systemprogramme/Backup*.

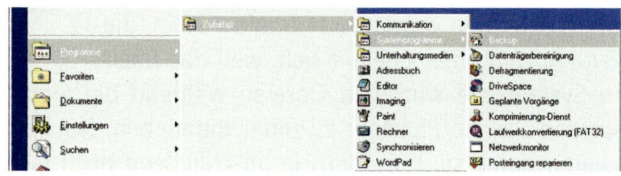

2 Es erscheint das Sicherungsprogramm. Ein weiteres Fenster betritt die Bildfläche. Dort wählen Sie den Eintrag *Gesicherte Dateien wiederherstellen* aus. Klicken Sie anschließend auf die Schaltfläche *OK*.

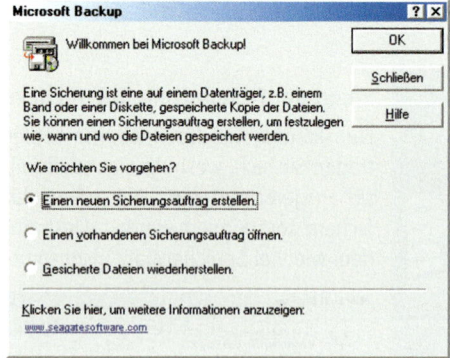

3 Nun wählen Sie das gewünschte Back-up aus. Über das Ordner-Symbol können Sie ein anderes Verzeichnis auswählen. Sofern Sie sich nicht sicher sind, wo Sie Ihr Backup gespeichert haben, hilft Ihnen die Windows-Suchfunktion weiter. Beachten Sie hierzu den nachfolgenden grauen Kasten. Haben Sie das Backup ausgewählt, klicken Sie auf die Schaltfläche *Weiter*.

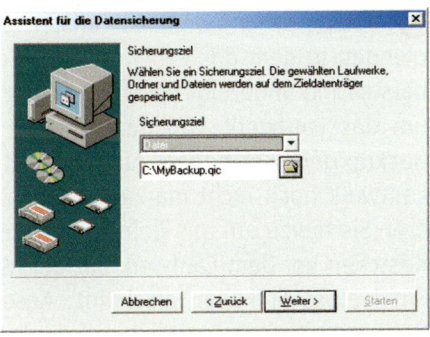

Wo war doch gleich das Backup?

Info

Festplatten werden immer größer. 40, 60 oder 100 GByte sind keine Seltenheit mehr (sondern Standard). Da neigt man doch dazu, auch alles Mögliche an Dateien auf der Festplatte zu sammeln. Bei 20.000 Dateien und mehr verliert man da schon einmal die Übersicht. Wie gut also, dass es die Suchfunktion gibt. Gestartet wird sie über *Start/Suchen/Dateien/Ordner*. Geben Sie unter *Name* den Suchbegriff „*.qic" ein. Anschließend klicken Sie *Starten* an. Im unteren Teil des Bildschirms werden dann alle Backups aufgelistet, die

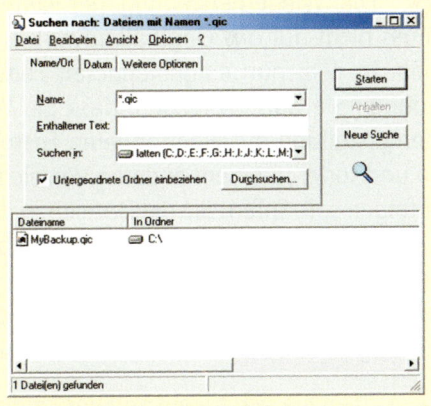

auf Ihrem System gefunden werden konnten. Haben Sie dann das richtige Backup lokalisiert, merken Sie sich das Verzeichnis, damit Sie es im Backup-Programm bei der Wiederherstellung angeben können.

4 Ein neuer Bildschirm erscheint. Er sollte das richtige Backup anzeigen. Dort steht nun nicht mehr *C:\MyBackup.qic*, sondern der Text, den Sie bei dem Backup eingegeben haben. Freundlicherweise ist das Backup auch gleich mit einem Haken versehen worden. Sie müssen also nicht mehr viel tun, sondern nur noch die Schaltfläche *OK* mit der Maus anklicken.

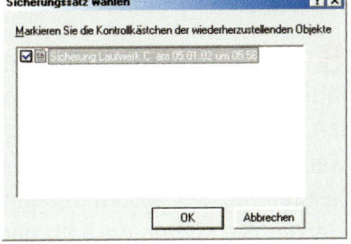

5 Jetzt wird ein weiteres Fenster eingeblendet, in dem das Laufwerk zur Wiederherstellung angezeigt wird. Es handelt sich um das Laufwerk, von dem aus Sie das Backup gemacht haben. Allerdings ist das Laufwerk noch nicht markiert worden. Klicken Sie hierzu auf das kleine quadratische Kästchen vor dem Laufwerk mit der Maus. Ein kleines Häkchen erscheint. Anschließend klicken Sie wie üblich auf die Schaltfläche *Weiter*.

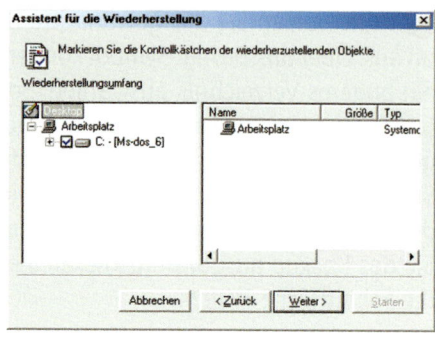

6 Die Wiederherstellung der Dateien muss nicht auf das Originallaufwerk erfolgen. In dem nun eingeblendeten Fenster können Sie auch festlegen, dass die Wiederherstellung auf einer anderen Festplatte und/oder in einem anderen Verzeichnis erfolgen soll. Sofern Sie die Dateien in dem Originalverzeichnis wiederherstellen möchten, klicken Sie auf *Weiter*. Bevorzugen Sie ein anderes Laufwerk, dann wählen Sie den Eintrag *Anderes Verzeichnis* aus dem Auswahlfeld aus.

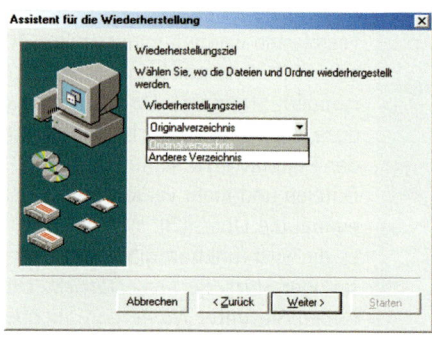

7 Haben Sie sich für ein anderes Laufwerk entschieden, dann erscheint ein neues Feld. Klicken Sie auf das Ordner-Symbol, um ein anderes Verzeichnis für die Wiederherstellung auszuwählen. Achten Sie aber auf den Speicherplatz. Ist die Festplattenkapazität zu gering, wird der Wiederherstellungsprozess zwangsläufig zu einer Fehlermeldung führen.

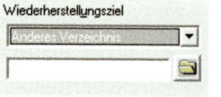

8 Jetzt geht es darum, eine sehr wichtige Option einzustellen. Wenn Sie unter laufendem Windows-System versuchen, alle Daten von Windows wiederherzustellen, muss das zwangsläufig zu Konflikten führen. Einige Dateien können beispielsweise nicht ersetzt werden, da sie während des Backups geöffnet sind. Eine Wiederherstellung der Systemdateien gleicht also ungefähr einer Operation am offenen Herzen. Sie sollten deshalb den Eintrag *Datei auf Datenträger nicht ersetzen* beibehalten. Wollen Sie jedoch alle Dateien des Windows-Systems ersetzen, dann müssen

Sie zu einem kleinen Trick greifen. Mehr lesen Sie hierzu in diesem Kapitel in der Schrittanleitung „Windows über Backup und MS-DOS herstellen". Nun klicken Sie auf die Schaltfläche *Starten*.

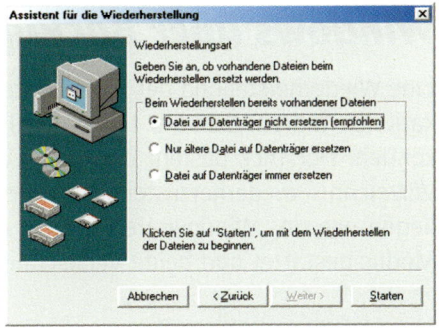

9 Es erscheint ein weiteres Fenster, das um Ihre Aufmerksamkeit bittet. Lassen Sie sich durch die Fensterüberschrift *Erforderliche Datenträger* nicht ins Boxhorn jagen. Hätten Sie das Backup auf einer CD oder einer Diskette gemacht, dann müssten Sie nun die CD oder eine Diskette des Sicherungssatzes einlegen. Da aber unser Backup auf der Festplatte liegt, müssen keine Datenträger eingelegt werden. Klicken Sie also einfach auf die Schaltfläche *OK*.

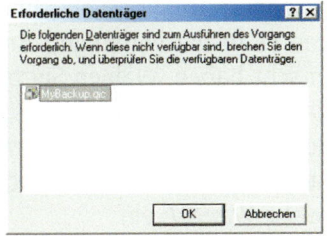

10 Dieses Fenster kennen Sie ja schon von der Dateisicherung her. Sie werden während der Wiederherstellung darüber auf dem Laufenden gehalten, welche Datei gerade zurückgespielt wird und wie weit der Vorgang bereits fortgeschritten ist. Das kann einige Zeit dauern, jedoch nicht so lange, wie das Backup benötigt hat. Dies hängt damit zusammen, dass das Dekomprimieren von Dateien wesentlich weniger Zeit beansprucht als das Komprimieren.

Windows über Backup und MS-DOS herstellen

Eine Wiederherstellung der Systemdateien bei laufendem Windows kann zu Komplikationen führen. Deshalb zeigen wir Ihnen nun, wie Sie dieses Problem umgehen können. Der Trick besteht darin, das Windows-System zunächst in einem anderen Verzeichnis wiederherzustellen. Dieses Verzeichnis muss auf derselben Festplatte liegen wie das Windows-Verzeichnis. Anschließend wird der Rechner im MS-DOS-Modus gestartet und beide Verzeichnisnamen werden ausgetauscht.

1 Wir gehen nicht mehr auf die gesamte Wiederherstellung von Windows ein, wie Sie es in der vorherigen Anleitungen gemacht haben. Wählen Sie bei Schritt 6 in der vorherigen Anleitung als Wiederherstellungsziel den Eintrag *Anderes Verzeichnis* aus. Geben Sie ein Zielverzeichnis, beispielsweise *Win98T*, ein.

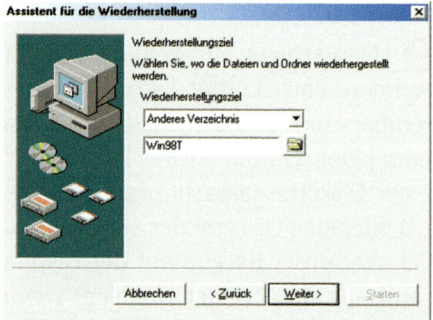

2 Verfahren Sie weiter, wie in der vorherigen Anleitung beschrieben, um die Wiederherstellung der Daten zu beenden. Anschließend müssen Sie den Rechner im MS-DOS-Modus starten. Hierzu wählen Sie das Menü *Start/Beenden* aus.

3 Wählen Sie den Eintrag *Im MS-DOS-Modus neu starten* aus. Beenden Sie alle laufenden Programme. Anschließend klicken Sie auf die Schaltfläche *OK*. Das System wird nun runtergefahren. Das kann ein wenig dauern, da Windows beim Runterfahren noch ein paar Checks macht.

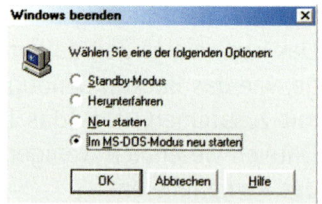

4 Nun beginnt das MS-DOS-Abenteuer. Auf in die Welt der Zeileninterpreter, weitab jeder grafischen Oberfläche. Sie sehen zunächst einmal das *C:\Windows>*-Prompt, das auf eine Eingabe wartet. Wir gehen davon aus, dass das Windows-Verzeichnis den Namen *Windows* trägt. Sollte Ihr Windows-Verzeichnis anders heißen, steht hinter *C:* dieser Verzeichnisname.

```
C:\>C:\WIN95\COMMAND\MSCDEX.EXE /D:MTMIDE01 /M:10
MSCDEX Version 2.23 already started

C:\>
C:\>
C:\>
C:\>LH C:\PROGRA~1\MICROS~6\MOUSE\MOUSE.EXE
Microsoft (R) Maustreiber, Version  11.00
Copyright (C) Microsoft Corp. 1983-1996. Alle Rechte vorbehalten.
Maustreiber installiert
Serielle Maus aktiviert in COM2


C:\>



Microsoft(R) Windows 98
   (C)Copyright Microsoft Corp 1981-1998.

C:\WINDOWS>
```

5 Geben Sie zunächst „cd.." und anschließend (Enter) ein. *cd*
steht für Change Directory. Geben Sie *cd..* so lange ein, bis Sie
nur noch das C:\>-Prompt sehen.

`C:\WINDOWS>cd..`
`C:\>`

6 Jetzt geben Sie „rename windows winback" und
anschließend (Enter) ein. Damit wird das Original-
Windows-Verzeichnis umbenannt in *winback*.

`C:\>rename windows winback`

7 Anschließend geben Sie „rename Win98T
windows" und (Enter) ein. Sie erinnern sich, *Win98T*
haben Sie eingerichtet, als Sie das Backup zurückgespielt haben.

`C:\>rename win98t windows`

8 Nun wird es interessant. Geben Sie zum Abschluss den Befehl „Win" und anschließend (Enter) ein. Nun sollte Windows starten. Falls es jedoch zu Fehlermeldungen kommt, müssen Sie die Verzeichnisumbenennung rückgängig machen. In diesem Fall fehlen dem zurückkopierten Windows ein paar Dateien. Diese müssen dann
aus dem Verzeichnis *winback* kopiert werden.

Info

Kommando zurück, Verzeichnisse wieder umbenennen

Sollte Windows nach dem Umbenennen der Verzeichnisse überhaupt nicht mehr starten, dann müssen Sie die Verzeichnisse wieder umbenennen. Sollte der Rechner hängen, hilft nur noch der berühmte Affengriff, die Tastenkombination (Strg)+(Alt)+(Entf).
Sobald der Rechner den Speicherplatz hochzählt, drücken Sie die (F8)-Taste. Es erscheint
das Bootmenü von Windows. Wählen Sie dort den Eintrag *Nur Eingabeaufforderung*
aus. Anschließend bestätigen Sie die Eingabe durch Drücken der (Enter)-Taste. Sie befinden sich dann wieder in MS-DOS.

```
Microsoft Windows 98 Start-Menü

1. Normal
2. Protokolliert (\BOOTLOG.TXT)
3. Abgesicherter Modus
4. Einzelbestätigung
5. Nur Eingabeaufforderung
6. Nur Eingabeaufforderung für abgesicherten Modus
7. Vorherige MS-DOS-Version

Auswahl: 5




F5=Abgesichert  Umschalt+F5=Eingabeaufforderung  Umschalt+F8=Bestätigen [N]
```

Dort können Sie nun die Verzeichnisse wieder umbenennen:

rename windows win98t [Enter]

rename winback windows [Enter]

Anschließend geben Sie „win" und [Enter] ein, um Windows zu starten.

Drive Image – für solide Sicherungen

Vielleicht fragen Sie sich, was denn ein Image ist. Ein Image ist eine Datei, in die eine gesamte Partition abgebildet wird. Allerdings wird hierzu nicht jede Datei einzeln kopiert, wie das bei einem Backup der Fall ist. Vielmehr wird die komplette Partition und die Cluster-Struktur ausgelesen, anschließend die Daten komprimiert und in einem so genannten Image kopiert. Dies hat den Vorteil, dass alle Dateien kopiert werden können, auch solche Dateien, die unter Windows XP beispielsweise nicht kopiert werden. Sie können so beispielsweise den Bootsektor Ihres Windows XP sichern. Anschließend bauen Sie eine neue Festplatte ein und kopieren das Image zurück. So einfach ist das. Die Partition der neuen Platte kann sogar größer sein als die im Image gesicherte Partition. Wenn Sie das Programm Drive Image verwenden, wird automatisch eine Anpassung an die größere Partition vorgenommen. Tipp: Ältere Versionen von Drive Image werden gelegentlich auf Heft-CDs einiger Computerzeitschriften mitgeliefert. Im Internet erfahren Sie mehr zu Drive Image unter http:/ /.powerquest.com.

Image

Ein Image ist die Abbildung einer kompletten Partition in einer Datei. Bei einem Image werden nicht die Dateien einzeln gesichert, sondern die komplette Datenstruktur der ausgewählten Partition.

Drive Image – Bootdiskette erstellen

Um Drive Image unter Windows XP überhaupt betreiben zu können, ist es notwendig, dass Sie die beiden Notfalldisketten von Drive Image erstellen. Auf der ersten der beiden Disketten befindet sich eine spezielle DOS-Version zum Booten des Rechners. Auf der zweiten befindet sich dagegen die DOS-Version der Software, mit der man eine zuvor angelegte Image-Datei wieder zurückspielen kann. Da Windows XP die Möglichkeit anbietet, Partitionen im NTFS-Format einzurichten, und DOS selbst nicht mehr unterstützt, können Sie unter DOS auch keine Rückspielung einer Image-Datei mehr vornehmen. Da das Rückspielprogramm von Drive Image auf die NTFS-Partition von XP zugreifen kann, können Sie auf diese Weise ein XP-System wiederherstellen. Es gibt zwei Möglichkeiten, die Notfalldisketten unter Drive Image herzustellen. Erstens bei Installation des Programms oder nachträglich über einen Eintrag namens *Notfalldisketten erstellen*, der in einem entsprechenden Bereich des Menüs *Programme* vom Windows-Startmenü angelegt wird.

Bootdiskette nachträglich erstellen

1 Rufen Sie folgendes Programm über die Windows-Startleiste auf: *Start/ Programme/PowerQuest Drive Image 2002/Notfalldisketten erstellen*.

2 Es wird ein neues Fenster eingeblendet. Dort können Sie zusätzliche DOS-Treiber angeben, die auf die Notfalldiskette kopiert werden sollen. Klicken Sie nur die Treiber an, die wirklich notwendig sind. Verfügt Ihr System über kein SCSI-CD-R-Laufwerk, dann klicken Sie den Kasten vor *SCSI-Treiber* auch nicht an. Je mehr Treiber Sie auswählen, umso mehr Speicherplatz wird benötigt. Ein weiterer Aspekt

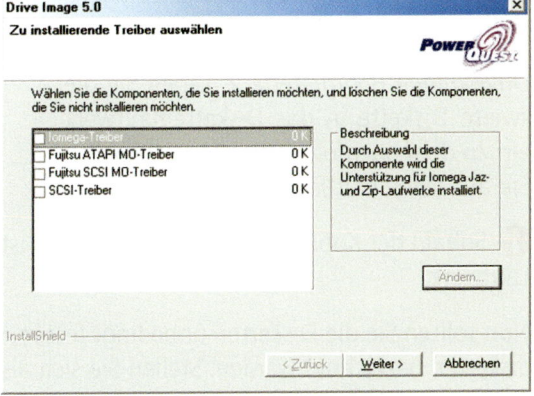

ist, dass einige Treiber den Rechner während des Bootvorgangs zum Absturz bringen können, wenn ein entsprechendes Laufwerk nicht gefunden werden kann. Beachten

4. Datensicherung ist oberstes Gebot

Sie, dass die SCSI-Treiber primär nicht für SCSI-Festplatten benötigt werden (die sind unter DOS ausreichend über das BIOS des SCSI-Controllers ansteuerbar), sondern zum Ansteuern von SCSI-CD-R-Laufwerken, damit man ein Image direkt unter DOS auf eine CD brennen kann.

3 Klicken Sie nach der Treiberauswahl auf *Weiter*. Nun müssen Sie zwei 3,5-Zoll-Disketten bereitlegen. Beschriften Sie die erste Diskette mit *Drive Image Bootdiskette 1*. Legen Sie die Diskette in das Diskettenlaufwerk Ihres Rechners. Anschließend klicken Sie auf die Schaltfläche *OK*.

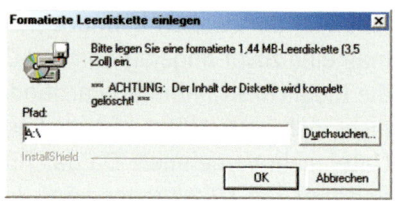

War da noch was?

Falls Sie sich nicht sicher sind, ob auf der Diskette noch wichtige Daten vorhanden sind, klicken Sie auf die Schaltfläche *Durchsuchen*. Es werden dann alle Verzeichnisse angezeigt, die auf der Diskette vorhanden sind.

4 Das Programm beginnt nun damit, die verschiedenen DR-DOS-Dateien auf das Diskettenlaufwerk zu übertragen. Sobald die erste Diskette fertig ist, werden Sie aufgefordert, die zweite Diskette einzulegen.

5 Beschriften Sie die zweite Diskette mit *Drive Image Bootdiskette 2*. Legen Sie die zweite Diskette in das Diskettenlaufwerk ein. In dem nachfolgenden Fenster klicken Sie auf die Schaltfläche *OK*.

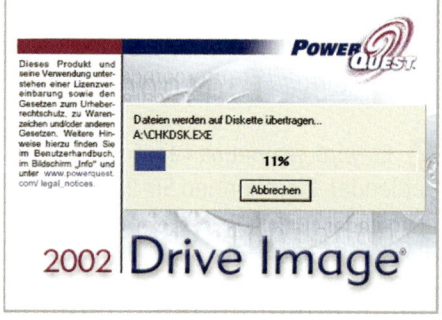

6 Sobald der Kopiervorgang abgeschlossen ist, entfernen Sie die Diskette aus dem Laufwerk.

Nun sollten Sie die Disketten unbedingt testen, weil diese nicht umsonst mit Notfalldisketten bezeichnet werden. Stellen Sie sich also vor, Sie haben das Betriebssystem gesichert. Nun installieren Sie eine neue Software oder einen neuen Treiber und danach läuft das System überhaupt nicht mehr. Sie haben aber das System als Image gesichert, als es perfekt lief. Um das verkorkste Betriebssystem durch die Image-Sicherung zu ersetzen, müssen Sie von der DOS-Ebene aus arbeiten. Sollten Sie nun beim Booten der Disketten feststellen, dass diese defekt sind, dann nützt Ihnen die Image-Sicherung auch nicht mehr viel. Es genügt, wenn Sie mit der Notfalldiskette booten. Anschließend erscheint dann das Programm zum Überspielen der Image-Datei. Nach dem Überspielen beenden Sie das Programm und booten den Rechner erneut von der Festplatte aus. Dann sollte auch das Betriebssystem wieder laufen.

Vorsicht vor Drive Image DOS und Windows

Auch unter den meisten Windows-Versionen besteht die Möglichkeit, Drive Image im DOS-Modus zu starten. Diese Möglichkeit verursacht jedoch meistens Konflikte mit einer möglicherweise im BIOS aktivierten Virenschutzfunktion, die den so genannten Master Boot Record Ihres PCs vor unberechtigtem Zugriff schützt. Sollten Sie also nach dem Start der DOS-Version von Drive Image eine entsprechende Warnmeldung erhalten, drücken Sie nicht die [Y]-Taste. Da der PC beim Start noch

```
††† WARNING †††
Disk Boot sector is to be modified
Type "Y" to accept, any key to abort
       Award Software, Inc.
```

nicht die deutsche Tastatur geladen hat, müssen Sie die [Z]-Taste drücken, um Erfolg zu haben. Die Viruswarnung darf nur auftreten, wenn Sie Drive Image für DOS starten. Sollte die Meldung bei anderen Gelegenheiten auftreten, dann sollten Sie unbedingt mit einem Antivirusprogramm den Rechner überprüfen. Da unter Windows XP der DOS-Modus nicht mehr existiert, bedient sich Drive Image eines Tricks, indem DR-DOS über eine Modifikation des MBR statt XP als Betriebssystem geladen wird. Anschließend wird dann wiederum Drive Image geladen. Wenn Sie Drive Image beendet haben, wird der MBR wiederum so modifiziert, dass Windows XP geladen wird. Schalten Sie aber den BIOS-Virus-Melder aus. Bei der Modifikation des MBR erhalten Sie sonst eine Meldung, ob diese Modifikation zugelassen werden soll. Drücken Sie die [Z]-Taste wegen der amerikanischen Tastatur. Es kann in Ausnahmefällen aber vorkommen, dass es zu einem Absturz des Rechners kommt (besonders bei älteren BIOS-Versionen). Deshalb sollten Sie den Viren-Warner über das BIOS stilllegen, also auf *Disabled* setzen.

MBR (Master Boot Record)

Der MBR steht im ersten Sektor auf der Festplatte. Der MBR enthält Programmcode und die Partitionstabelle, in der Informationen über die primären und erweiterten Partitionen einer Festplatte gespeichert sind.

Drive Image – Image unter DOS auf CD erstellen

In der nachfolgenden Schrittanleitung wird ein Image der Bootdatei auf ein CD-Laufwerk gebrannt. Allerdings können Sie auch jedes andere Laufwerk nehmen, sofern Sie keinen CD-Brenner zur Verfügung haben. Geben Sie dann einfach ein Laufwerk an, auf dem mindestens die Größe der zu sichernden Partition als frei gekennzeichnet ist. Die Daten werden zwar komprimiert, aber man kann nie sagen, wie viel an Speicherplatz durch die Komprimierung eingespart wird. Da es sich dabei um die Windows XP-Bootpartition handelt, auf der auch das Betriebssystem enthalten ist, wird die Sicherung unter DOS vorgenommen. Hierzu benötigen Sie die beiden Bootdisketten.

1 Stellen Sie im BIOS Ihres Rechners das Diskettenlaufwerk als Bootdevice ein. Anschließend legen Sie die erste Bootdiskette von Drive Image in das Laufwerk ein. Dann starten Sie das System. Sie werden dann aufgefordert, die

```
Caldera DR-DOS 7.02
Copyright (c) 1976, 1998 Caldera, Inc.  All rights reserved.

Microsoft (R) Mouse Driver Version 8.20
Copyright (C) Microsoft Corp. 1983-1992.
Copyright (C) IBM Corp. 1992-1993.
Mouse driver installed

          Drive Image Diskette 2 (Programm) einlegen

*** Weiter mit beliebiger Taste ***
```

zweite Diskette in das Laufwerk einzulegen. Bitte legen Sie unbedingt den ersten CD-Rohling in das CD-Laufwerk ein, auf das das Image gebrannt werden soll.

2 Verlieren Sie nicht die Geduld, wenn Sie nach dem Start des Programms nur eine Sanduhr sehen und sonst nichts. Es kann bis zu einer Minute dauern, bis Drive Image alle vorhandenen Partitionen analysiert hat. Dann erscheint das erste Menü. Sie können übrigens auch direkt den Inhalt einer Partition von einer Festplatte auf eine andere über-

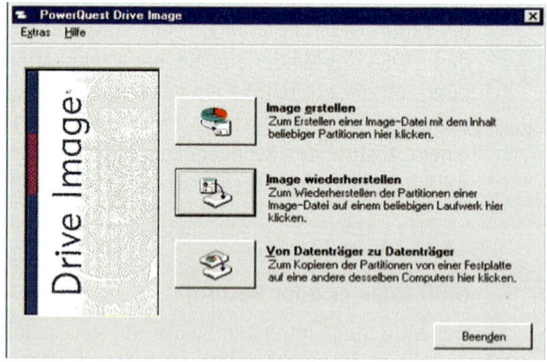

tragen, ohne erst ein Image erzeugen zu müssen. Hierzu wählen Sie die unterste Schaltfläche an. In dieser Schrittanleitung soll aber eine Partition zunächst als Image-Datei abgespeichert werden. Hierzu klicken Sie die Schaltfläche *Image erstellen* an.

3 In dem nachfolgenden Fenster werden alle gefundenen Festplattenlaufwerke angezeigt. Wählen Sie das Laufwerk aus, auf dem sich die zu sichernde Partition befindet. Klicken Sie anschließend auf die Schaltfläche *Weiter*. Es folgt ein weiteres Fenster, in dem die Partitionen der ausgewählten Festplatte dargestellt werden. Zum einen haben Sie einen visuellen Über-

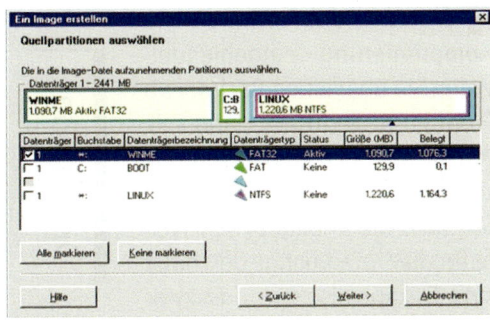

blick über die einzelnen Partitionen. Hierzu sind die bunten Rechtecke vorgesehen. In einem Fenster werden die Partitionen dann mit ihrer Größe und der Belegung angegeben. Klicken Sie den weißen Kasten vor der Partition an, die gesichert werden soll. Sie können übrigens auch mehrere Partitionen auf einen Rutsch sichern. Wenn Sie mit der Auswahl fertig sind, klicken Sie auf *Weiter*.

4 Jetzt müssen Sie festlegen, wo das Image erzeugt werden soll. Aber zunächst einmal geben Sie einen Kommentar ein. Dieser Kommentar sollte sehr aussagefähig ein. Falls Sie auch andere Partitionen sichern, könnte es ohne einen eindeutigen Kommentar zu Verwechslungen der einzelnen Sicherungen kommen. Klicken Sie danach auf die Schaltfläche *Durchsuchen*.

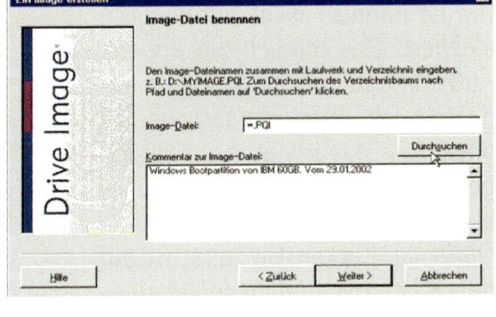

5 Geben Sie unter *Dateiname* einen Namen Ihrer Wahl ein. Der Namen sollte allerdings nicht länger als acht Zeichen sein. Unter *Laufwerke* wählen Sie den CD-Brenner (CD-Laufwerk) aus. Anschließend klicken Sie die Schaltfläche *OK* an. Das vorherige Fenster wird wieder eingeblendet. Klicken Sie dort auf die Schaltfläche *Weiter*.

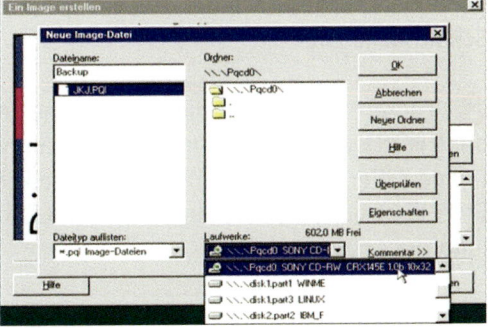

4. Datensicherung ist oberstes Gebot

6 Nun wird das Fenster für die Komprimierung eingeblendet. Wenn Sie über einen Rechner ab Pentium III verfügen, dann sollten Sie die höchste (*Hoch*) Kompression anwählen. Beachten Sie, dass die angegebenen Werte für die Datenmenge geschätzt sind. Es kann also sein, dass zwar 538 MByte veranschlagt sind, was eine CD bedeuten würde,

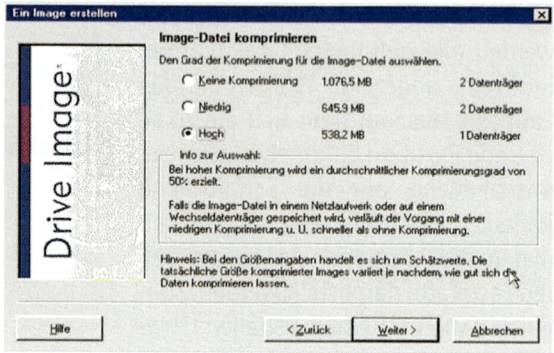

aber am Ende 750 MByte herauskommen, was zwei CDs bedeuten würde.

7 Im nächsten Fenster sollten Sie nicht allzu schnell auf *Weiter* klicken. Eine Option zum Überprüfen der Daten ist nämlich nicht automatisch aktiviert. Das müssen Sie ändern. Außerdem sollten Sie darüber nachdenken, ein Passwort festzulegen, ohne dass das Image nicht zurückgespielt werden kann. Klicken Sie hierzu auf die Schaltfläche *Spezielle Optionen*. Klicken Sie zunächst auf den Kasten vor *Image-Inhalt überprüfen*. Anschließend klicken Sie auf

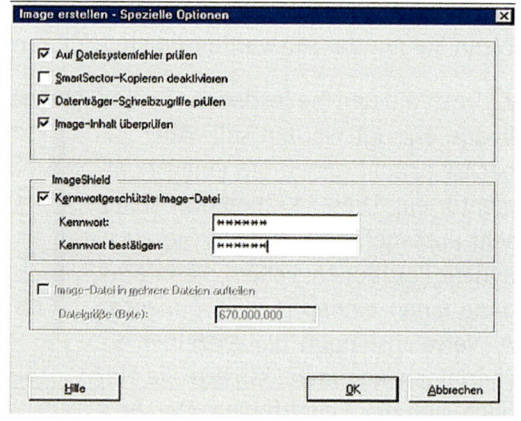

den Kasten vor *Kennwortgeschütze Image-Datei*. Geben Sie dann in den beiden Eingabefeldern das von Ihnen festgelegte Kennwort ein. Zuletzt klicken Sie auf die Schaltfläche *OK*.

8 Klicken Sie nun auf die Schaltfläche *Fertig stellen*. Wenn Sie auf CD brennen, dann wird wahrscheinlich noch einmal die zweite Startdiskette angefordert, da Drive Image die erste CD bootfähig macht. Sie können dann dieses CD, vorausgesetzt das BIOS lässt sich so einstellen, direkt von CD booten. Danach beginnt dann die Erstellung des Image auf CD.

9 Sobald das Image erstellt worden ist, wird anschließend der Kontrollgang gemacht. Hierbei wird verglichen, ob auch kein Fehler beim Erstellen des Images entstanden ist. Die Verifizierung haben Sie ja unter Punkt 7 eingestellt. Sobald dieser Vorgang abgeschlossen ist, ist die Sicherung beendet.

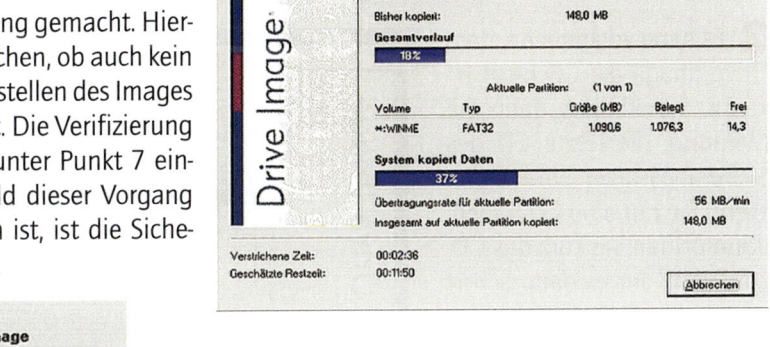

Drive Image – Image von CD herstellen

Nachfolgend wird eine Image von CD wiederhergestellt. Natürlich können Sie auch ein Image herstellen, das Sie auf einem anderen Laufwerk gespeichert haben. Hierzu müssen Sie bei der Auswahl des Image dann einfach das Verzeichnis angeben, in dem Sie das Image gespeichert haben.

1 Sie können das Drive Image auf zwei Wegen starten: zum einen über die CD als Boot-CD. Hierzu müssen Sie im BIOS zuvor das CD-Laufwerk als Bootdevice angeben. Die andere Möglichkeit kennen Sie ja schon, weil Sie diese beim Erstellen des Image schon verwendet haben: das Booten über die beiden Startdisketten.

2 Das Wiederherstellen der Daten geschieht so wie das Sichern. Klicken Sie auf die Schaltfläche *Image wiederherstellen*. Danach wählen Sie das Image aus. Entweder von CD oder, wenn Sie es auf eine andere Festplatte gespeichert haben, dann von

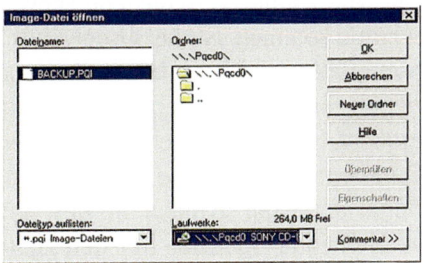

dort. Danach müssen Sie das Kennwort eingeben, das Sie bei der Sicherung festgelegt haben.

3 Es kann vorkommen, dass Drive Image die CD nicht erkennt. Sie erhalten dann die Meldung, die letzte CD des Sicherungssatzes einzulegen. Wenn Sie nur eine CD haben, dann öffnen Sie kurz das CD-Laufwerk, um es dann sofort zu schließen. Das reicht. Anschließend müssen Sie das Festplattenlaufwerk auswäh-

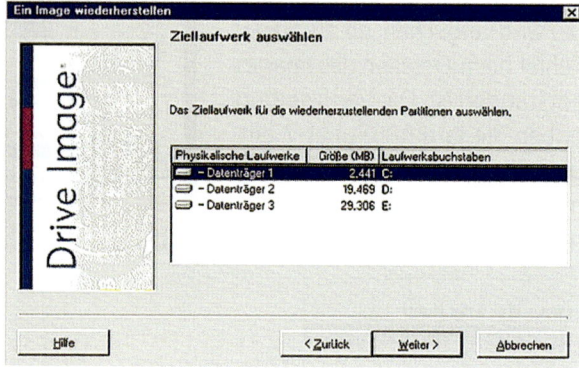

len, auf dem das Image wiederhergestellt (in eine Partition umgewandelt) werden soll.

4 In dem folgenden Bildschirm wählen Sie dann die Partition aus, auf der das Image hergestellt werden soll. Falls die Zielpartition zu klein sein sollte, klicken Sie auf die Schaltfläche *Quellpartitionsgröße ändern*. Sie können auch eine Partition löschen, um eine andere Partition zu vergrößern. Hierzu ist die Schaltfläche *Partitionen löschen* da.

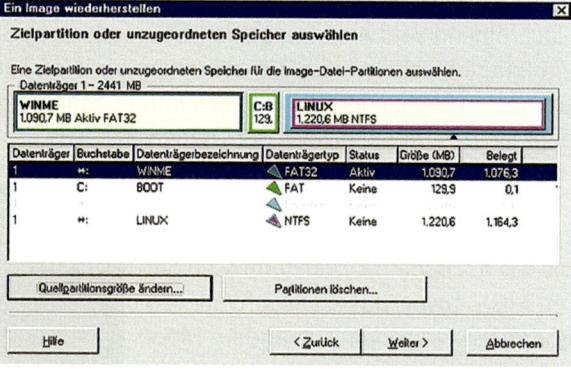

5 Nun können verschiedene Hinweisbildschirme kommen. Ist die ausgewählte Partition größer, wird Drive Image dies auch anzeigen. Sie können nun bestimmen, dass die größere Partition beibehalten werden soll. Dann wird Drive Image das Image proportional anpassen. Wählen Sie aus, dass der verbleibende Speicher frei gelassen wird,

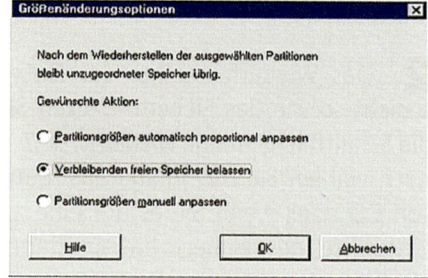

dann wird die Originalgröße der Partition hergestellt. Die Partition wird also gekürzt.

Befinden sich auf der Partition Daten, dann müssen Sie besonders aufpassen. Nicht dass Sie die falsche Partition erwischt haben. Ist alles korrekt, dann bestätigen Sie die Hinweise- und Auswahlbildschirme.

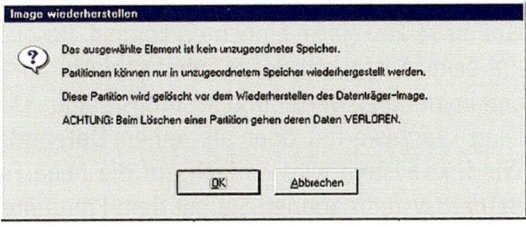

6 Bevor das Image auf der Partition hergestellt wird, erscheint noch ein weiteres Fenster. Wählen Sie hier *Abgesicherter Modus* aus. Anschließend wählen Sie die Optionen *Auf fehlerhafte Sektoren prüfen* und *Datenträger-Schreibzugriffe prüfen* aus. Damit gehen Sie sicher, dass auch alle Daten korrekt wiederhergestellt werden.

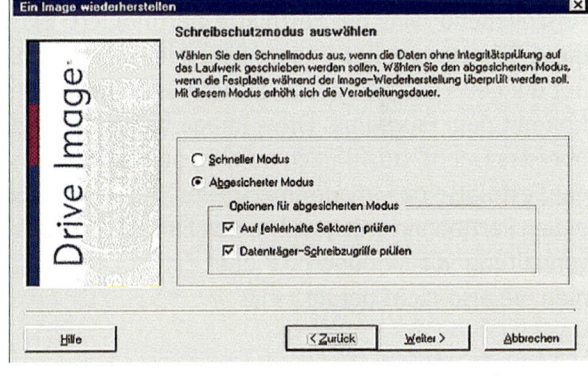

7 Wenn Sie die Daten von einer primären Partition gesichert haben und nun das Image auf einer erweiterten Partition herstellen möchten, merkt das Drive Image. Das Programm konvertiert dann automatisch Daten des Image in eine logische (erweiterte) Partition.

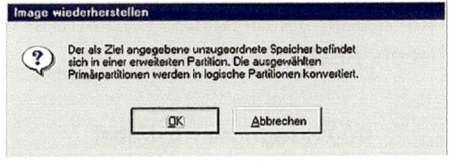

5. Die Systemfestplatte austauschen

In diesem Kapitel haben wir die wichtigsten Schritte zusammengefasst, damit Sie eine neue Festplatte einrichten können. Besonders anspruchsvoll sind die Arbeiten, die beim Austausch der Systemfestplatte anfallen. Die Situation: Festplatten werden immer preiswerter und leistungsfähiger. Da wäre es doch gut, endlich das „alte" Ding rauszuwerfen oder als reinen Datenträger für Dokumente zu nutzen. Das Windows-System wird einfach auf die neue Festplatte gepackt. Das Kopieren des Betriebssystems können Sie mit dem Programm Drive Image vornehmen.

Zunächst zeigen wir Ihnen, was beim Einbau einer neuen Festplatte zu beachten ist. Anschließend wird die Festplatte partitioniert, aktiviert und formatiert. Wenn Sie diese Schritte erledigt haben, überspielen Sie mit Drive Image das Betriebssystem auf die neue Festplatte. Das Sichern und Wiederherstellen der Betriebssystem-Partition mit dem Programm Drive Image haben wir in dem Kapitel „Datensicherung ist oberstes Gebot" ausführlich beschrieben. Sie können auch ohne eine Partitionierung der Festplatte das Image überspielen. Allerdings können Sie mit Drive Image keine neuen Partitionen anlegen. Um den Einsatz von Fdisk (DOS), Format, der Datenträgerverwaltung von Windows XP oder einem Drittprogramm wie Partition Magic kommen Sie also nicht herum.

Die Neue einbauen

Nun halten Sie die neue Festplatte in Ihren Händen und möchten diese gleich einbauen. Also, legen Sie los.

40-/80-adriges IDE-Kabel

Info

Achten Sie darauf, dass Sie möglichst 80-adrige Kabel (in der Abbildung links) verwenden, damit Sie aus Ihrer Festplatte den maximalen Speed herausholen. Seit dem Ultra ATA66(UDMA)-Standard (UDMA = Ultra Direct Memory Access), der eine Transferrate von 66,6 MBit/s ermöglicht, benötigen Sie dieses Kabel für Festplatten neuerer Bauart. Sie sollten auf keinen Fall mit älteren 40-adrigen Kabeln (in der Abbildung rechts) neue Festplatten anschließen. Allerdings können Sie beruhigt auch ältere Festplatten an das neue Kabel anschließen, da der ATA66 -Standard abwärtskompatibel ist.

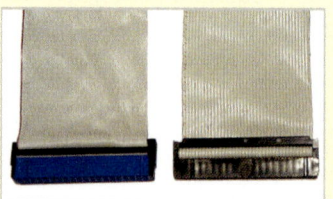

1 Zunächst einmal müssen Sie darauf achten, dass die Jumper auf der Festplattenrückseite korrekt gesteckt sind. Auf Ihrem Mainboard können zwei IDE-Kabel eingesteckt werden. An jedes dieser Kabel können zwei Festplatten oder CD-Laufwerke angeschlossen werden. Damit beide Festplatten getrennt angesteuert werden können, wird

eine Festplatte als Master und die zweite als Slave angeschlossen. Die Unterscheidung zwischen Master und Slave wird über einen oder zwei Jumper auf der Festplattenrückseite getroffen. Grundsätzlich muss die Festplatte mit dem Betriebssystem an dem ersten primären IDE-Kanal angeschlossen werden. Außerdem muss diese Festplatte als Master gejumpert werden.

IDE-Kanal

An einem IDE-Kanal können zwei Geräte (Festplatten, CD-Laufwerke) betrieben werden. Hierbei wird zwischen dem Master-Laufwerk und einem Slave-Laufwerk unterschieden. Die Master-Slave-Konfiguration sorgt dafür, dass beim Systemstart der Master die höhere Priorität hat. Auf dem Mainbord finden Sie zwei IDE-Anschlüsse, den primären IDE-Kanal und den sekundären IDE-Kanal. Es können also bis zu vier Laufwerke angeschlossen werden. Zwei Master und zwei Slave an jedem IDE-Kanal. Booten können Sie im Normalfall aber nur vom Master-Laufwerk des primären IDE-Kanals.

IDE-Kanal finden

Es ist nicht immer einfach, auf dem Mainbord die beiden IDE-Anschlüsse zu unterscheiden. Sind die Anschlüsse mit Nummern gekennzeichnet, dann ist die niedrige Nummer immer der primäre IDE-Kanal. Sollten Sie keine Bezeichnung auf dem Mainboard finden, dann nehmen Sie sich das Handbuch zum Mainboard. Dort finden Sie dann eine Übersicht über das Mainboard und eine Zuordnung der beiden IDE-Kanäle.

Info

2 Da aber Ihre alte Festplatte noch als Master am primären IDE-Kanal hängt, müssen Sie nun Folgendes machen: Sie stellen die Jumper der alten Festplatte auf Slave *ein. Die Jumper der neuen Festplatte stellen Sie auf* Master ein. Dann müssen Sie die neue Festplatte noch in den Rechner einbauen. In der folgenden Grafik haben wir die Anschlüsse und den Einbau zusammengefasst. Sollte ein CD-ROM-Laufwerk bereits als Slave am ersten IDE-Kanal hängen, dann

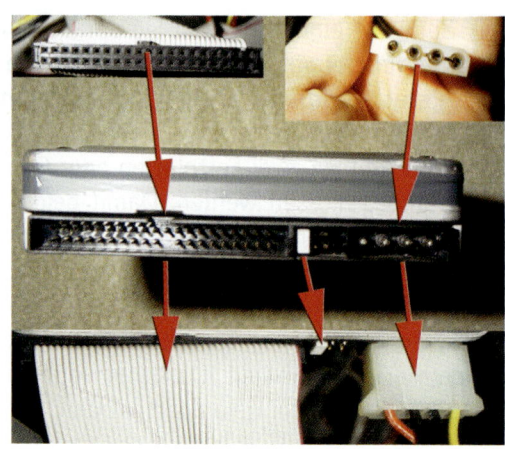

sollten Sie sich ein zweites Festplattenkabel besorgen und die alte Festplatte als Master an den sekundären IDE-Kanal hängen. Dahinter kommt dann das CD-Laufwerk als Slave.

3 Nun bauen Sie das Laufwerk in einen freien Einbauschacht ein. Sie können hierzu die Kabel abziehen, damit der Einbau besser gelingt. Nach dem Festschrauben der Festplatte schließen Sie das IDE-Kabel dann wieder an. Übrigens können Sie das IDE-Kabel und das Netzkabel normalerweise nicht verkehrt herum anschließen, da beide Kabel üblicherweise Zungen haben sollten, die den Anschluss nur in der korrekten Art an das Laufwerk ermöglichen. Sie sollten deshalb auch nur neuere IDE-Kabel verwenden, da früher gelegentlich auf die Verwendung solcher Zungen noch verzichtet wurde und es so dann auch zu falschen Anschlüssen kommen kann/konnte.

4 Starten Sie nun den Rechner. Wenn alle Laufwerke richtig als Master und Slave angeschlossen sind, dann sollte beim Booten des PCs die

```
Award Plug and Play BIOS Extension v1.0A
Copyright (C) 1998, Award Software, Inc.
   Detecting IDE Master... WDC AC32500H
   Detecting IDE Slave ... WDC AC32500H
```

neue und die alte Festplatte angezeigt werden. Wenn der Rechner hängen bleibt, dann liegt dies meistens daran, dass zwei Festplatten gleichzeitig als Master oder Slave auf einem IDE-Kanal angeschlossen sind. Schließen Sie in einem solchen Fall zuerst nur ein Laufwerk auf den IDE-Kanal an. Wenn dann das Laufwerk gestartet wird, dann merken Sie sich, wie das Laufwerk eingebunden wird (Master oder Slave). Dann schließen Sie das zweite Laufwerk an. Auf diese Weise können Sie die korrekte Jumperung der Festplatte überprüfen.

Die Neue partitionieren und formatieren

Wenn Sie die Festplatte unter Windows XP partitionieren wollen, sollten Sie dies über die Datenträgerverwaltung tun. Mehr zur Datenträgerverwaltung lesen Sie im Kapitel „Festplatte formatieren und partitionieren mit Windows XP". In diesem Fall partitionieren Sie die Festplatte und aktivieren die erste Partition der Platte mit der Datenträgerverwaltung. Das Partitionieren können Sie aber auch mit Programmen wie PartitionMagic von Powerquest (www.powerquest.de) oder dem Partitions-Genie von DATA BECKER (www.databecker.de) erledigen lassen. Beide vorgenannten Programme sind sehr komfortabel in der Anwendung. Haben Sie keines der Programme, dann muss es mit dem Windows 98/ME-Bordmittel gehen: dem Programm Fdisk von der Startdiskette. Das Anfertigen einer Startdiskette wird bereits in dem Kapitel „Wenn der Rechner nicht will: Startdiskette erstellen" ausführlich beschrieben. Deshalb wird dieser Vorgang in diesem Kapitel nicht beschrieben. Auch das Bedienen von Fdisk haben wir in einem Extra-Kapitel ausführlich dargestellt. Lesen Sie hierzu das Kapitel „Festplatte formatieren und partitionieren mit Fdisk (DOS) für Windows 98/ME". Auch wie das Formatieren funktioniert, wurde schon umfangreich beschrieben.

Genial: Partition kopieren

Als letzte Option von PartitionMagic stellen wir Ihnen das Kopieren einer Partition vor. Dies ist die beste Möglichkeit, um beispielsweise die Windows-Systempartition auf eine neue Festplatte zu überspielen, die dann als Master-Laufwerk auf den primären IDE-Kanal angeschlossen wird. Sie können übrigens genauso logische Laufwerke/Partitionen wie auch primäre Partitionen kopieren.

1 Klicken Sie mit der Maus das Laufwerk an, das kopiert werden soll. Anschließend wählen Sie das Menü *Tasks/Partition kopieren*.

2 Als erste Aktion müssen Sie den Datenträger auswählen, der die zu kopierende Partition enthält.

3 In dem nächsten Fenster werden alle Partitionen angezeigt. Wählen Sie die zu kopierende Partition aus. Sie können hierzu direkt in die Liste klicken oder die Partition in dem oberen Übersichtsbalken aussuchen.

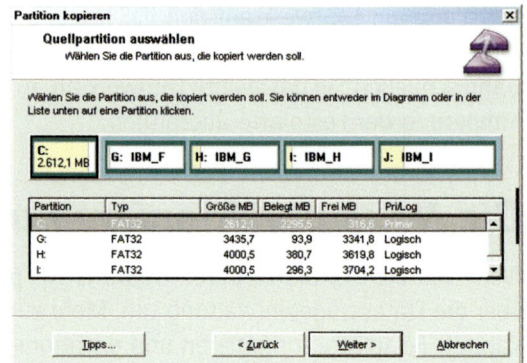

4 Im nächsten Schritt müssen Sie dann den Datenträger auswählen, auf den die Partition kopiert werden soll. Sie können auch die gleiche Festplatte aussuchen, auf dem sich die zu kopierende Partition befindet.

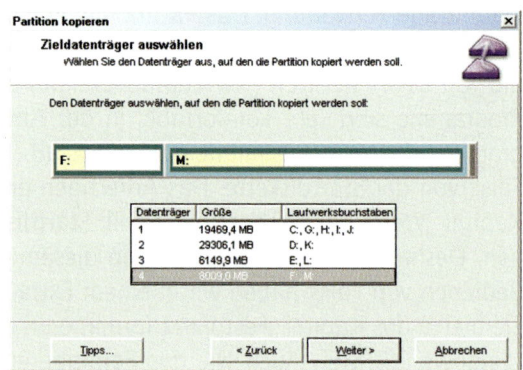

5 Legen Sie anschließend fest, ob Sie die zu kopierende Partition auf der Zielfestplatte als primäre Partition oder als logische Partition anlegen möchten. Sollte schon eine erweiterte Partition vorhanden sein, wird die neue logische Partition in der erweiterten Partition angelegt. Sie können noch entscheiden, ob die Partition versteckt werden soll. Das kann sehr nützlich sein, wenn Sie nur Daten sichern möchten, aber die Partition selbst nicht vom Betriebssystem erkannt werden soll. Hierdurch wird auch vermieden, dass ein neuer Laufwerk-

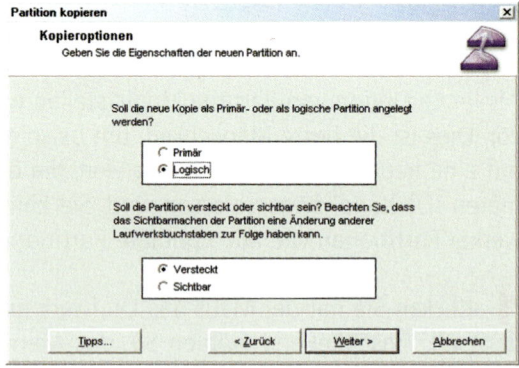

buchstabe im Arbeitsplatz-Fenster auftaucht, wodurch mühsam angelegte Verknüpfungen zunichte gemacht werden, da die restlichen Laufwerke um einen Buchstaben verschoben werden.

6 Nun können Sie festlegen, wo die Partition erstellt werden soll. Beachten Sie, dass Sie eine neue primäre Partition auch vor einer bestehenden primären Partition anlegen können. Wenn Sie eine logische Partition anlegen, kann diese Partition nur innerhalb der erweiterten Partition erstellt werden. Sie können entscheiden, ob eine neue Partition vor oder hinter einer schon existierenden logischen Partition erstellt werden soll.

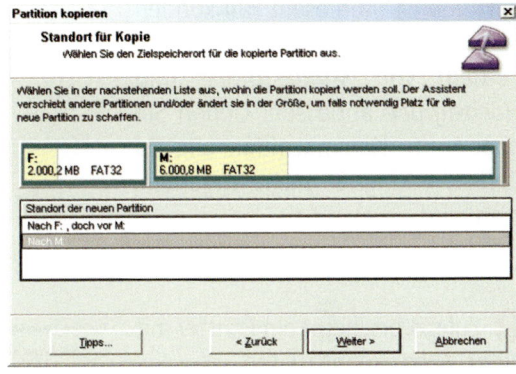

7 Jetzt zeigt Ihnen PartitionMagic mal wieder, was es so drauf hat. Sollte auf dem Zieldatenträger kein Speicherplatz mehr zum Erstellen der Partition vorhanden sein, dann muss PartitionMagic Speicherplatz von den bereits vorhandenen Partitionen abziehen. Sie können nun entscheiden, von welchen Partitionen Speicherplatz bezogen werden darf. Diese Partitionen werden dann

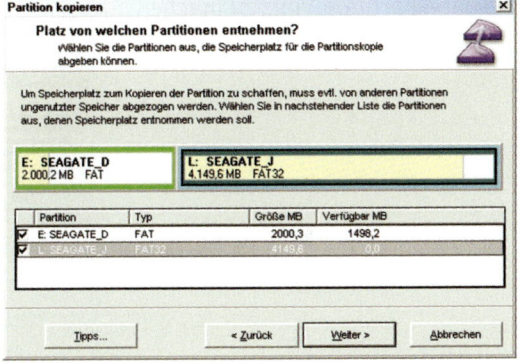

bei Bedarf verkleinert. Übrigens will PartitionMagic nur wissen, von welchen Partitionen es eventuell Speicherplatz abziehen darf. Dass PartitionMagic aber alle angewählten Partitionen verwendet, ist eher selten der Fall.

8 Wenn der Zieldatenträger eine andere Geometrie aufweist, dann kann die Größe der Partitionen anders sein, als dies bei der Originalpartition ist. In diesem Fall können Sie die Größe der Zielpartition innerhalb von *Mindestgröße* und *Höchstgröße* anpassen. Geben Sie aber keine Kommazahlen ein, da dann die Eingabe nicht angenommen wird.

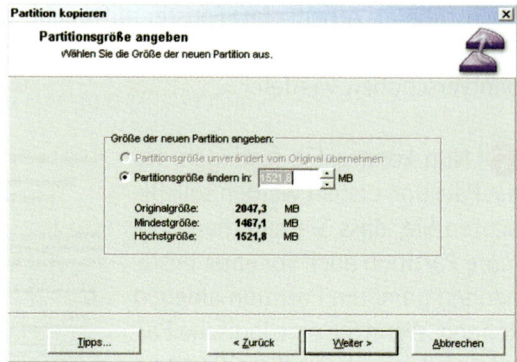

9 Zuletzt erscheint ein Fenster mit einer Zusammenfassung. Wie Sie sehen, wurde in unserem Beispiel die Partition F: verkleinert, um für die neue Partition Platz zu machen.

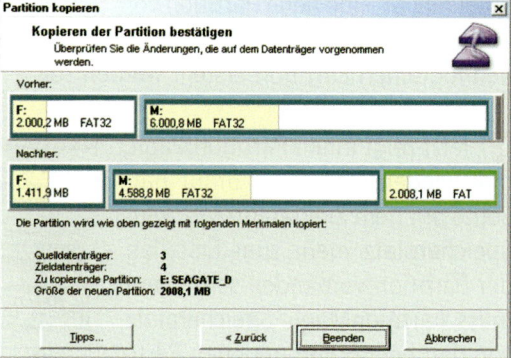

6. Mehrwertsystem: Zwei Betriebssysteme auf einer Festplatte

In diesem Kapitel werden wir Ihnen zeigen, wie Sie verschiedene Betriebssysteme auf einer Festplatte installieren können. Wir werden eine Festplatte verwenden, die eine primäre und eine erweiterte Partition enthält. Das eigentliche Partitionieren werden wir nicht mehr zeigen. Selbstverständlich sollten Sie vorher Ihre Daten sichern, sofern es sich nicht um eine Experimentierfestplatte handelt. Zu guter Letzt ist das Erstellen einer Start- bzw. Notfalldiskette wichtig. Für die Vorarbeiten sind folgende Kapitel wichtig:

Windows 98/ME-Anwender

- „Festplatte formatieren und partitionieren mit Fdisk (DOS) für Windows 98/ME"
- „Wenn der Rechner nicht will: Startdiskette erstellen"
- „Datensicherung ist oberstes Gebot"

Windows XP-Anwender

- „Festplatte formatieren und partitionieren mit Windows XP"
- „Datensicherung ist oberstes Gebot"

Info

Windows ME und Windows XP nie auf einer Partition installieren

Wenn Sie Windows ME und XP versuchen, auf einer Partition zu installieren, dann ist der Ärger schon vorprogrammiert. Zum einen verträgt sich XP nicht mit MD-DOS. Zum anderen läuft nach einer Umwandlung eines FAT32-Dateisystems in ein NTFS-Dateisystem Windows 98/ME nicht mehr, da dieses Betriebssystem NTFS-Partitionen nicht verwenden kann.

Windows 98/ME und Windows XP: ein interessantes Team

Wichtiger Hinweis

Nachfolgend werden wir davon ausgehen, dass Sie eine Festplatte mit mindestens einer primä-

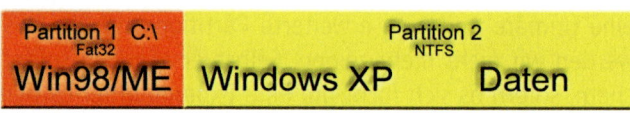

ren und einer erweiterten Partition haben, von der die primäre Partition aktiviert ist. Die erste Partition wird Partition A genannt. Auf Partition A wird Windows ME installiert werden. Die zweite Partition wird Partition B genannt. Auf Partition B wird Windows XP installiert. Partition A muss mindestens 500 MByte groß sein. Partition B sollte mindestens 1,2 GByte groß sein. Wenn Sie alle Features von Windows XP installieren, dann benötigen Sie auf Partition B mindestens 1,5 GByte freien Speicherplatz. Partition B muss nicht formatiert sein.

Es gibt immer noch ein paar ältere Programme, die nicht mit Windows XP zusammenarbeiten möchten. Auch der „richtige" MS-DOS-Modus fehlt bei Windows XP. Sicher gibt es noch weitere Gründe, warum man beide Betriebssysteme nutzen muss. Auch Entwickler müssen ihre Software unter beiden Betriebssystemen testen können. Denn immerhin arbeiten noch über 50 % der Anwender (Stand Januar 2002) mit den Betriebssystemen Windows 98/ME.

Sie können auch drei Partitionen erzeugen: eine Partition für Windows 98/ME mit dem

FAT32-Dateisystem, eine Partition für Windows XP mit dem NTFS-Dateisystem und eine weitere Partition mit dem FAT32-Dateisystem, auf der die Daten gepackt werden. Dieses Szenario hat den Vorteil, dass Sie unter beiden Betriebssystemen auf die Daten des dritten Laufwerks zugreifen können. Dieses Szenario wird jedoch nicht in der nachfolgenden Schrittanleitung nachvollzogen. Sie müssen aber lediglich ein drittes Laufwerk mit dem FAT32–Dateisystem erzeugen. Wie dies geht, steht im Kapitel „Festplatte formatieren und partitionieren mit Windows XP".

Windows 98/ME vor Windows XP installieren

Auch wenn Sie beide Betriebssysteme auf zwei Partitionen installieren, wird der Bootvorgang des Rechners immer von Laufwerk C: stattfinden. Nachdem Sie Windows XP installiert haben, wird dann automatisch ein Bootmenü erscheinen, aus dem Sie den Start von Windows 98/ME oder Windows XP auswählen können. Sollten Sie aber Windows ME nach Windows XP installieren, dann wird der so genannte MBR (**M**aster **B**oot **R**ecord) überschrieben. Damit wird aber das Bootsystem nicht geladen. Außerdem läuft Windows XP dann auch nicht mehr, wenn Sie es von Hand starten. In einem solchen Fall hilft nur der Start der so genannten Wiederherstellungskonsole von Windows XP, um den MBR wiederherzustellen.

Windows 98/ME installieren

Sollten Sie Windows 98/ME bereits installiert haben, dann können Sie die nachfolgende kurze Schrittanleitung überspringen. Wichtig ist, dass Windows 98/ME vor Windows XP installiert wird.

Problem mit der Update-CD oder dem vorinstallierten Windows

Wenn Sie nur über eine Windows-Update-CD verfügen, dann muss das Windows-Setup eine Windows-Installation finden. Sonst wird das Windows nicht installiert. In einem solchen Fall kopieren Sie Windows mithilfe des Windows-Backup-Programms in ein anderes Verzeichnis. Sollten Sie Windows auf eine neue Festplatte aufspielen, dann hängen Sie die ursprüngliche Festplatte als Slave-Laufwerk ein. Dann findet das Setup auf alle Fälle eine Windows-Installation. Geben Sie dann als Installationslaufwerk die neue Festplatte an.

Ein anderes Problem stellen bereits vorinstallierte Windows-Versionen dar. Wenn Ihnen der Händler also keine zusätzliche Windows-CD übergibt, dann können Sie eine Windows-Installation auf die neue Festplatte nur mithilfe eines Programms wie Drive Image auf die neue Festplatte bekommen.

1 Legen Sie die Windows 98/ME-CD in das CD-ROM-Laufwerk ein. Starten Sie anschließend den Eingabemodus mit der CD-ROM-Unterstützung. Noch bevor der Eingabemodus eingeblendet worden ist,

```
MSCDEX Version 2.25
Copyright (C) Microsoft Corp. 1986-1995. All rights
        Drive E: = Driver MSCD001 unit 0

Geben Sie HELP ein und drücken Sie die Eingabetaste
A:\>E:\_
```

sehen Sie bereits, welchen Laufwerknamen das CD-ROM-Laufwerk erhalten hat. Geben Sie nun „X:\" ein. X steht hierbei für den CD-ROM-Laufwerkbuchstaben.

2 Geben Sie den Befehl „Setup" ein. Damit starten Sie das Windows-Setup.

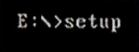

3 Zunächst einmal möchte Windows die Festplatte auf Fehler untersuchen. Das sollten Sie auch zulassen. Bestätigen Sie die Abfrage nach der Routineprüfung mit der [Enter]-Taste. Danach startet das Programm ScanDisk. Da aber die Festplatte noch knackig frisch und ohne Inhalt ist, wird die Prüfung sehr schnell beendet. Es er-

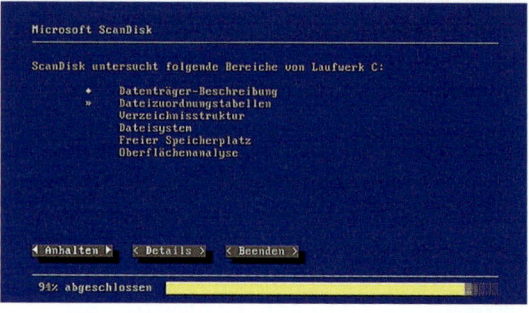

scheinen nach der Prüfung zwei Auswahlfelder. Wählen Sie das Feld *Beenden* aus, um ScanDisk zu beenden.

4 Nun beginnt das eigentliche Windows-Setup. Sie müssen die Lizenzbedingungen akzeptieren und den Product Key eingeben. Irgendwann kommt die Abfrage, in welches Verzeichnis Windows ME installiert werden soll. Hier lautet die Vorgabe *C:\Windows*. Das sollten Sie so übernehmen. Danach führen Sie die Installation von Windows 98/ME weiter durch.

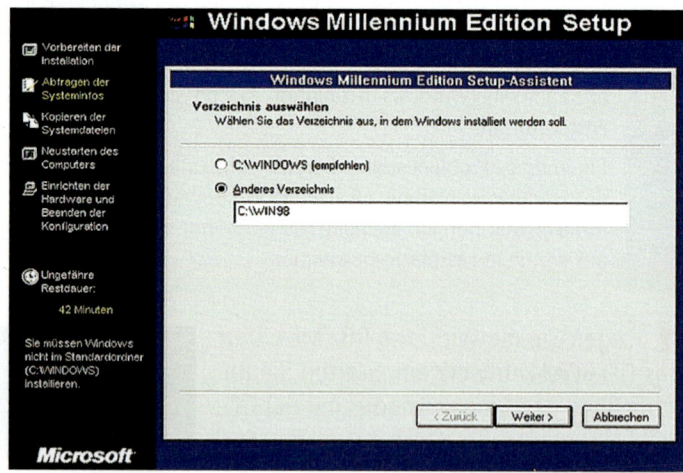

Nachdem Sie Windows 98/ME auf die gezeigte Weise installiert haben, ist die Hälfte der Installation schon geschafft. Nun folgt die Installation von Windows XP.

Windows XP installieren

Das Setup von Windows XP kann nicht im Eingabemodus (MS-DOS) gestartet werden. Sie müssen zunächst das Setup unter Windows aufrufen. Sollten Sie allerdings über ein bootfähiges CD-Laufwerk verfügen, dann können Sie die Installation auch direkt von CD starten.

Um direkt von CD zu starten, müssen Sie im BIOS Ihres Rechners das CD-Laufwerk als Bootlaufwerk einstellen. In unserem Beispielbild

```
Quick Power On Self Test    : Enabled
Boot Sequence               : CDROM,C,A
Swap Floppy Drive           : Disabled
Boot Up Floppy Seek         : Disabled
```

wird eine Bootreihenfolge festgelegt. Erst das CD-ROM-Laufwerk, dann das Laufwerk C:, und wenn beide Laufwerke nichts Bootfähiges anzubieten haben, wird versucht, von Laufwerk A: zu booten. Sollten Sie im BIOS nur ein Laufwerk als Bootdevice ansprechen können, dann müssen Sie nach dem Neustart der Installation auch das Bootdevice wieder von der Einstellung *CD-ROM* auf Laufwerk C: setzen. Wenn Sie von CD das Windows XP-Setup booten, dann steigen Sie ab Schritt 4 in die nachfolgende Schritteinleitung ein. In der folgenden Schrittanleitung gehen wir davon aus, dass Sie Windows 98/ME installiert haben. Sie booten also nicht von CD, sondern ganz normal von Laufwerk C:

1 Legen Sie die Windows XP-Installations-CD in das CD-Laufwerk ein. Starten Sie anschließend Windows 98/ME. Sobald Sie den Desktop sehen, öffnen Sie den Arbeitsplatz mit einem Mausdoppelklick.

WXPCCP_DE (D:)

2 Führen Sie die Installation bis zu dem folgenden Fenster durch. Das erste Installationsfenster wird angezeigt. Dort gibt es ein Auswahlfeld. Wählen Sie aus diesem Feld den Eintrag *Neuinstallation (weitere Optionen)* aus. Danach klicken Sie auf die Schaltfläche *Weiter*.

SETUP

3 Führen Sie die Installation weiter durch, bis Sie zu dem abgebildeten Fenster kommen. Klicken Sie dort auf die Schaltfläche *Erweiterte Optionen*. Es wird ein neues Optionsfenster eingeblendet. Klicken Sie dort das weiße Kästchen vor dem Text *Installationslaufwerk und -partition während der Installation auswählen* an. Danach klicken Sie auf die Schaltfläche *OK*. Sie befinden sich wieder im vorherigen Fenster. Klicken Sie dort auf die Schaltfläche *Weiter*. Führen Sie die Installation weiter durch. Wenn alle Angaben gemacht worden sind, wird ein Neustart des Systems veranlasst.

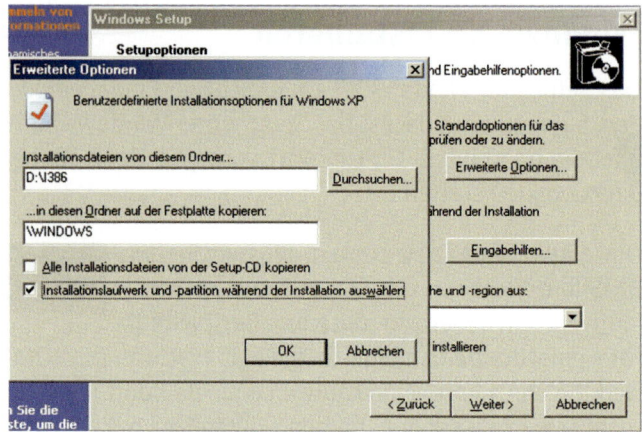

4 Für alle diejenigen, die das Setup von CD gebootet haben, erscheint jetzt erst einmal ein recht herzliches Willkommen. Das Setup von Windows XP ermittelt zunächst Hardwarekomponenten. Anschließend erscheint der erste Setup-Bildschirm. Die erste Taste, die zu drücken ist, soll die ⌈Enter⌋-Taste sein. Falls Sie doch nicht installieren möchten, dann müssen Sie über die ⌈F3⌋-Taste den Ausstieg aus dem Setup anwählen.

5 In dem folgenden Bildschirm werden die Festplattenpartitionen angezeigt. Der erste Eintrag *Partition1 WINME* ist die primäre Partition A. Dort befindet sich die Windows ME-Installation. Wenn Sie eine zweite erweiterte Partition für Windows XP bereits eingerichtet haben, erscheint dieser Eintrag unter Partition A. Falls Sie aber noch keine zweite Partition eingerichtet haben, steht dort der Eintrag *Unpartitionierter Bereich*. Diesen Eintrag wählen Sie über die Tastatur an. Drücken Sie anschließend die ⌈Enter⌋-Taste.

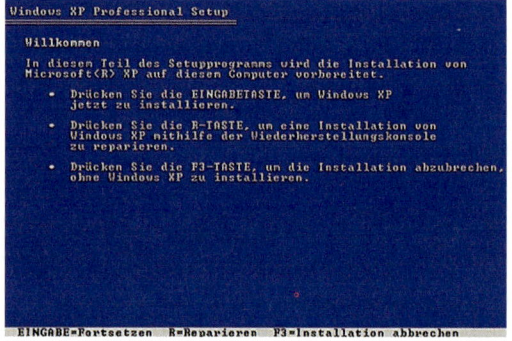

6 Wennschon – dennschon: Wenn schon Windows XP, dann aber auch das moderne NTFS-Dateisystem. Wählen Sie den Eintrag *Partition mit dem NTFS-Dateisystem formatieren*.

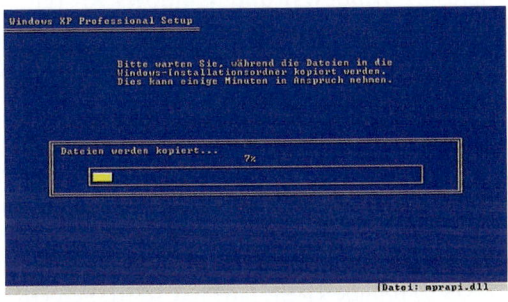

7 Für die Formatierung müssen Sie etwas Geduld mitbringen. Das kann schon ein paar Minuten dauern. Nach dem Formatieren wird die Platte noch einmal auf Fehler überprüft. Ist dieser Vorgang abgeschlossen, dann werden die ersten Setup-Dateien auf die neue eingerichtete Partition B kopiert. Unten in der rechten Ecke des Bildschirms sehen Sie die zurzeit kopierte Datei eingeblendet.

8 Nach dem Kopieren der Dateien wird der Rechner neu gestartet. Nach dem Neustart werden dann weitere Dateien auf die Partition B kopiert. Allerdings wird dieser Kopiervorgang nicht mehr unter einem schnöden DOS-Fenster vorgenommen, sondern schon unter einer grafischen Oberfläche. Je nach Geschwindigkeit der Festplatte und des CD-Laufwerks kann der Kopiervorgang bis zu 50 Minuten dauern. Führen Sie die Installation nun weiter fort.

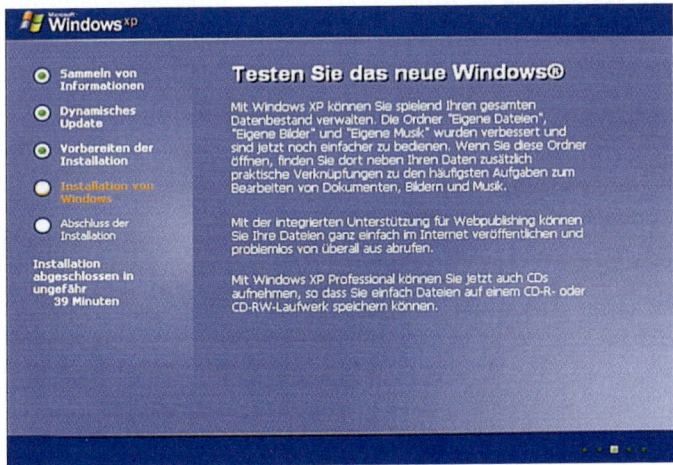

9 Sobald dieser Kopiervorgang beendet ist, wird ein Neustart des Rechners vorbereitet. Nach dem Neustart sehen Sie ein neues Startmenü vor sich. Sie können nun zwischen Windows ME (Eintrag *Microsoft Windows*) und Windows XP (Eintrag *Microsoft Windows XP Professional*) auswählen.

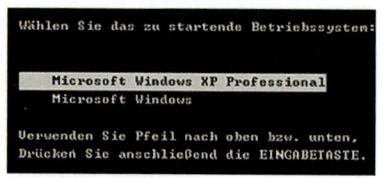

Die Operation „doppeltes Betriebssystem" ist gelungen. Von nun an können Sie beide Betriebssysteme nutzen.

Windows XP-Bootmenü bearbeiten

Sobald Sie Windows XP installiert haben, wird auch das Bootmenü installiert. Egal, ob Sie Windows XP als einziges Betriebssystem oder mit Windows 98/ME betreiben, dieses Bootmenü ist vorhanden. Gesteuert wird es über die Datei *Boot.ini*. Wir zeigen Ihnen nun, wie Sie die Datei *Boot.ini* bearbeiten können.

Bootmenü editieren

Das Bootmenü wird über die Datei *boot.ini* auf Laufwerk C: gesteuert. Diese Datei muss aber erst einmal angezeigt werden.

1 Wählen Sie im Arbeitsplatz das Menü *Extras/Ordneroptionen* aus. Löschen Sie den Haken vor *Geschützte Systemdateien ausblenden*. Klicken Sie dann auf den Kreis vor *Alle Dateien und Ordner anzeigen*. Diese beiden Optionen müssen ausgeführt werden, damit die Datei *Boot.ini* auch angezeigt werden kann.

2 Öffnen Sie Laufwerk C: Klicken Sie dann die Datei *boot.ini* mit der rechten Maustaste an. Um die Datei zu öffnen, wählen Sie den Windows-Editor aus.

3 Nun können Sie die einzelnen Einträge hinzufügen oder ändern.

Die Einträge und ihre Bedeutungen:

timeout=	Zeit bestimmen, wie lange das Bootmenü angezeigt werden soll.
default=	Hier wird angegeben, welches System gestartet werden soll, wenn innerhalb der Anzeigezeit (*timeout*) keine Auswahl getroffen worden ist.
[operating systems]	Unter diesem Eintrag werden alle Einträge angezeigt, die später im Bootmenü als Bootverzeichnisse angeboten werden sollen.

Wenn Sie neue Bootsystempfade einfügen wollen, dann hängen Sie einfach die Einträge an die Datei an.

Als Beispiel soll nun ein Betriebssystem vom Slave-Laufwerk des ersten IDE-Kanals gestartet werden. Das Betriebssystem wurde in das Verzeichnis *WindowsXP* kopiert.

Der Eintrag lautet:

```
multi(0)disk(0)rdisk(1)partition(1)\WINDOWSXP="Windows XP"
```

Der Eintrag hinter dem Gleichheitszeichen ist variabel. Nur diesen Eintrag sehen Sie dann beim Starten des Systems. Die Einträge vor dem Startmenü und deren Bedeutung folgen nun:

multi	Das Schlüsselwort *multi* gibt an, dass der Bootloader sich auf das BIOS des Rechners verlassen kann, um die Systemdateien zu laden. Der Eintrag sollte immer 0 sein.
disk	Dieser Eintrag wird bei einem IDE-Controller immer auf 0 gesetzt.
rdisk	*rdisk* bezeichnet die Festplatte, von der gestartet werden soll. Die angefügte Ordnungszahl hängt davon ab, an welchen IDE-Kanal die Festplatte angeschlossen ist. 0 = primärer IDE-Kanal als Master-Laufwerk, 1 = primärer IDE-Kanal als Slave-Laufwerk, 2 = sekundärer IDE-Kanal als Master-Laufwerk, 3 sekundärer IDE-Kanal als Slave-Laufwerk.
partition	Gibt an, auf welcher Partition sich das zu startende Betriebssystem befindet. Begonnen wird mit dem Eintrag 1 für die erste Partition. Befindet sich das Betriebssystem beispielsweise auf der zweiten Partition, dann muss eine 2 eingetragen werden.

Sie können auch noch einige Bootoptionen einstellen. Zum Beispiel, ob das System im abgesicherten Modus gestartet werden soll. Hierzu können Sie auch mehrere Einträge des Startbetriebssystems in das Bootmenü aufnehmen, die sich nur in der Startoption voneinander unterscheiden. Diese Optionen haben wir Ihnen in der Schrittanleitung „Bootoptionen setzen" beschrieben.

Info

Wenn Sie mit einer Bootpartition arbeiten

Wen Sie Windows XP über eine Bootpartition booten, dann kann es sein, dass die Änderungen in der *Boot.ini* nicht vorhanden sind. Dies hängt damit zusammen, dass Windows XP die *Boot.ini* immer auf der Partition ändert, auf der auch das Betriebssystem installiert ist. In diesem Fall müssen Sie über den Explorer die Datei *Boot.ini* einfach von der Betriebssystempartition in die Bootpartition umkopieren.

Bootmenü prüfen

Wenn Sie beispielsweise eine neue Festplatte einbauen, dann kann es vorkommen, dass sich die Partition für das Betriebssystem verschiebt. Dieser Effekt tritt besonders dann auf, wenn Sie Windows XP nicht auf Laufwerk C: installiert haben. Das Laufwerk C: dient dann als Systempartition, auf dem das Bootmenü untergebracht ist. Diese Datei heißt *Boot.ini* und befindet sich auf Laufwerk C: Sie können übrigens schnell überprüfen, ob die Einträge in der Datei *Boot.ini* noch aktuell sind.

1 Klicken Sie auf *Start* und anschließend auf den Eintrag *Ausführen*. Geben Sie dann „msconfig" ein.

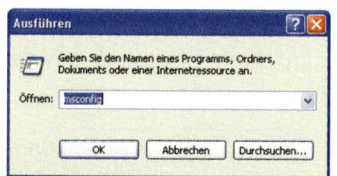

2 In dem folgenden Fenster klicken Sie auf das Register *BOOT.INI*. Unter dem Eintrag *[operating systems]* werden die einzelnen Startpfade angezeigt. Klicken Sie auf die Schaltfläche *Alle Startpfade überprüfen*, um die Einträge zu checken. Es werden anschließend alle Pfade aus der Auflistung entfernt, zu denen die dazugehörige Windows-Installation nicht gefunden werden konnte.

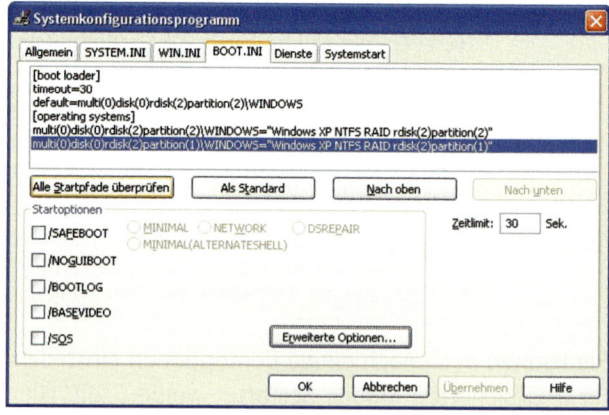

Anzeigedauer des Bootmenüs einstellen

Sie können auch die Anzeigezeit einstellen, die angibt, wie lange das Bootmenü angezeigt werden soll. Standard sind 30 Sekunden.

Zeitlimit: 30 Sek.

Geben Sie hier beispielsweise fünf Sekunden ein, dann wird der Bootvorgang beschleunigt. Wenn innerhalb dieser Zeitspanne keine Auswahl getroffen wird, wird das Betriebssystem gestartet, das hinter dem Eintrag *default=* bestimmt ist.

Bootoptionen setzen

Sie können mit dem Programm msconfig auch die einzelnen Bootoptionen für das zu startende Betriebssystem setzen. Wir haben das zu startende Betriebssystem gleich dreimal in das Bootmenü eingetragen. Jedes Mal jedoch mit einer anderen Option. Diese Optionen sind aber noch nicht eingetragen worden. Das wird nun mit msconfig nachgeholt. Auch Sie können das machen. Hierzu öffnen Sie zunächst die Datei *Boot.ini* und duplizieren dreimal den Eintrag zum Starten für Ihr Betriebssystem. Tragen Sie hinter dem = dann jeweils den Text ein, der im Bootmenü erscheinen soll.

1 Klicken Sie auf den Eintrag für den abgesicherten Modus. Anschließend klicken Sie auf die Option */SAFEBOOT*. Der Eintrag wird sofort übernommen.

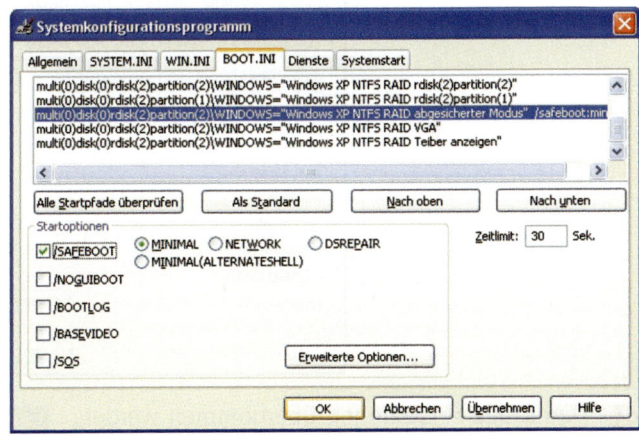

2 Klicken Sie dann auf den Eintrag *VGA*. Anschließend klicken Sie den Eintrag */BASEVIDEO* an. Mit dieser Option wird das Betriebssystem mit dem Standard-VGA-Treiber gestartet. Sollten Sie beim Booten beispielsweise Fehler in der Grafik sehen oder das System stürzt beim Anzeigen des Desktops an, dann sollten Sie diesen Eintrag aus dem Bootmenü auswählen.

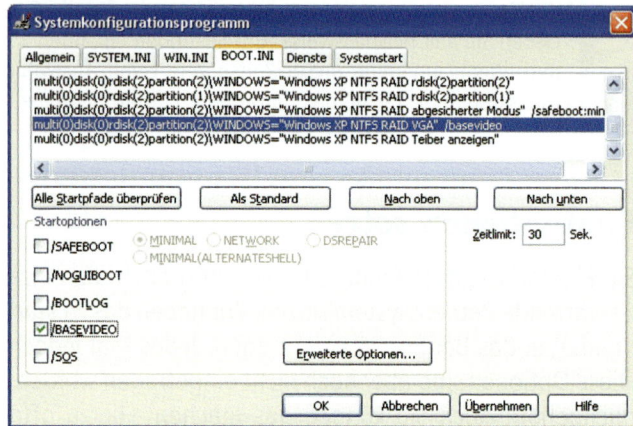

3 Damit Sie beim Starten alle Treiber angezeigt bekommen, die von Windows geladen werden, klicken Sie den Eintrag *Treiber anzeigen* an. Anschließend wählen Sie die Option */SOS* aus.

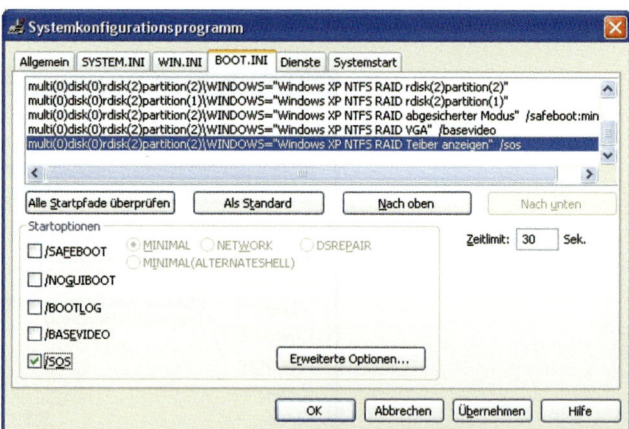

4 Damit alle Änderungen übernommen werden, klicken Sie zuerst auf die Schaltfläche *Übernehmen* und anschließend auf die Schaltfläche *Schließen*. Sie können dann das System sofort neu starten lassen, um das Bootmenü zu überprüfen.

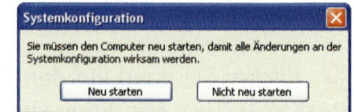

Das Dreamteam: Linux und Windows 98/ME

In dieser Anleitung erfahren Sie, wie Sie Windows 98/ME gemeinsam mit SuSE-Linux auf einer Festplatte benutzen können. Auf die Installation von Windows 98/ME gehen wir nicht mehr gesondert ein, da diese Installation in dem Kapitel „Windows ME und Windows XP: ein interessantes Team" vorgestellt worden ist. Wichtig ist, dass Sie Windows 98/ME vor Linux installieren, und zwar als erste primäre Partition des Master-Laufwerks am primären IDE-Kanal. Dann folgt die Installation von Linux. Im Laufe des Setups wird Ihnen Linux selbst einen Partitionsvorschlag machen. Sie müssen unter Fdisk (DOS) keine erweiterte Partition für Linux einrichten, das macht Linux bereits für Sie.

Wir haben in diesem Szenario Windows 98/ME auf einer primären Bootpartition eingerichtet. Anschließend werden drei Linux-Partitionen in einer erweiterten Partition als logische Laufwerke erzeugt. Die erste Linux-Partition dient zum Starten von Linux. Linux legt zusätzlich eine Root-Partition an, auf der die Benutzereinstellungen sowie Linux selbst installiert werden. Zu guter Letzt wird noch eine Swap-Partition angelegt, die zum Ausla-gern von Dateien be-nutzt wird.

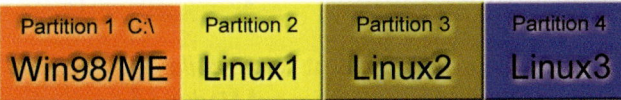

Installation mit YaST2

Die ersten Schritte sind sehr kurz. Sie fassen das zusammen, was Sie bis zu dieser Anleitung gemacht haben müssen, um dann Linux zu installieren.

1 Sie benötigen eine Festplatte, die an den primären IDE-Kanal als Master ange-schlossen ist. Außerdem haben Sie auf der Festplatte eine primäre Partition einge-richtet. Der Rest der Festplatte ist unpartitioniert.

2 Sie haben Windows 98/ME auf der ersten Partition installiert.

3 Sie haben eine Startdiskette für Windows erstellt.

Wenn Sie direkt von CD oder der Linux-Diskette gebootet haben, dann sehen Sie das YaST2-Menü. Zuerst wird YaST2 automatisch das System nach angeschlossener Hard-ware untersuchen. Im ersten Bildschirm müssen Sie dann die zu verwendende Spra-che festlegen.

4 Wenn Sie über Loadlin gestartet haben, dann kann es sein, dass Sie einige Angaben per Hand auswählen müssen, beispielsweise welche Maus Sie verwenden und an welchem Computeranschluss sich die Maus befindet. Ansonsten wird YaST2 nun einen Installationsvorschlag erarbeiten. Diesen Installationsvorschlag sollten Sie aber in einigen Punkten überprüfen.

5 Unter *Tastaturlayout* muss *Deutsch* aufgeführt sein. Sollte dies nicht der Fall sein, klicken Sie mit der Maus auf *Tastaturlayout*. Sie können nun das gewünschte Tastaturlayout einstellen.

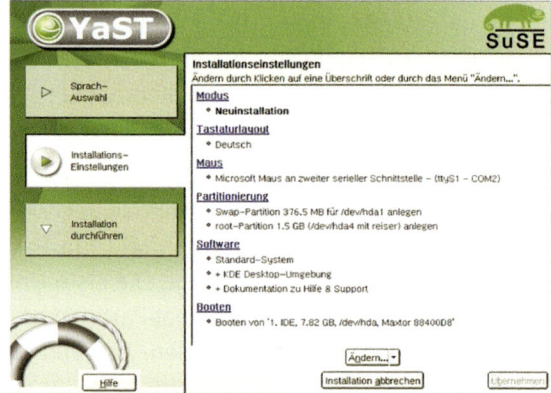

6 Sollte unter *Modus* nicht *Neuinstallation* aufgeführt sein, klicken Sie auf *Modus*, um den richtigen Modus einzustellen.

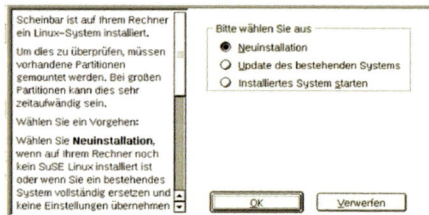

7 Den Vorschlag für die Partitionierung sollten Sie im Allgemeinen annehmen, sofern Sie mit Linux und dessen Installation noch keine Erfahrung haben. YaST2 wird Ihnen nämlich eine Konfiguration für die verschiedenen Partitionen vorschlagen, die einschließlich einer Root-, einer erweiterten Partition, einer Boot- und einer Swap-Partition alles

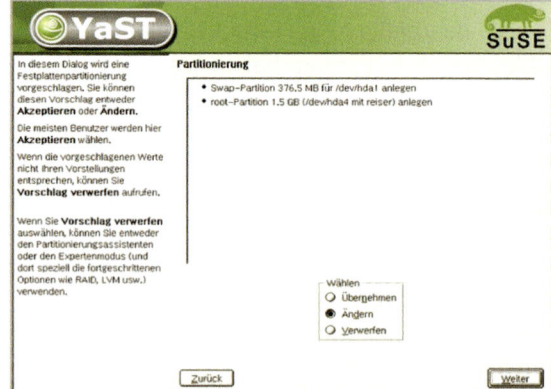

enthält, was ein Linux-System so braucht. Wenn Sie den Vorschlag ändern wollen, um die Partitionen und deren Größen selbst festzusetzen, dann klicken Sie *Partitionierung* an. Ansonsten überspringen Sie diesen und den nächsten Schritt und machen bei Schritt 9 weiter.

Partition oder logisches Laufwerk?

Da Sie bereits eine primäre Partition auf der Festplatte haben (Windows 98/ME), wird von YaST2 eine erweiterte Partition angelegt, in der dann die anderen Partitionen erzeugt werden. Eigentlich aber handelt es sich um logische Laufwerke. Aber unter Linux werden diese Laufwerke als Partitionen bezeichnet.

Wichtiger Hinweis: Reiser-Dateisystem und Loadlin

Linux kann eine Partition mit dem Reiser-Dateisystem installieren. Sie sollten aber nicht die Root-Partition (erkennbar am /) mit dem Reiser-Dateisystem installieren, wenn Sie Linux über MS-DOS und mit dem Programm Loadlin starten möchten. Seit der SuSE-Linux-Version 7.2 erhalten Sie dann die Fehlermeldung *Kernel panic: VFS: Unable to mount root on 03:33*. Um diesen Fehler zu umgehen, haben Sie zwei Alternativen:

1. Sie können bereits während der Installation den Vorschlag ändern, die Root-Partition mit dem Reiser-Dateisystem zu installieren. Klicken Sie hierzu auf den Eintrag *Root-Partition xxxMB (hdax mit reiser)*. Danach klicken Sie auf *Bearbeiten*. In dem nun erscheinenden Fenster klicken Sie auf *Dateisystem*. Dort wählen Sie *Ext2* als Dateisystem aus. Das Ext3-Dateisystem sollten Sie nicht anwenden, da SuSE selbst darauf hinweist, dass durch einen Fehler im Skript *mk_initrd* auf SuSE Linux 7.3 die Installation des Ext3-Dateisystems nicht möglich ist.

2. Sie können aber auch das Reiser-Dateisystem installieren. Um dann doch mit Loadlin zu starten, hat SuSE auf der folgender Support-Seite das weitere Vorgehen aufgezeigt: http://sdb.suse.de/de/sdb/html/fhassel_loadlin-reiserfs.html.

Papier und Bleistift bereithalten

Schreiben Sie sich unbedingt alle Partitionen und Laufwerke auf. Wenn Sie LILO konfigurieren oder beispielsweise Linux löschen wollen, benötigen Sie diese Angaben besonders dann, wenn die Installation nicht gelingen will und Sie dann die Partitionsbezeichnungen dringend zur Neuinstallation benötigen.

Info

8 In dem folgenden Fenster wählen Sie zunächst *Ändern* aus. Klicken Sie dann auf die Schaltfläche *Weiter*. Sie können nun einen RAID anlegen oder die einzelnen Partitionen in ihrer Größe verändern. Sie können eigene Partitionen anlegen oder löschen. Infos zum Thema RAID geben wir Ihnen in dem Kapitel „Festplatten im Doppelpack: RAID-Controller verwenden".

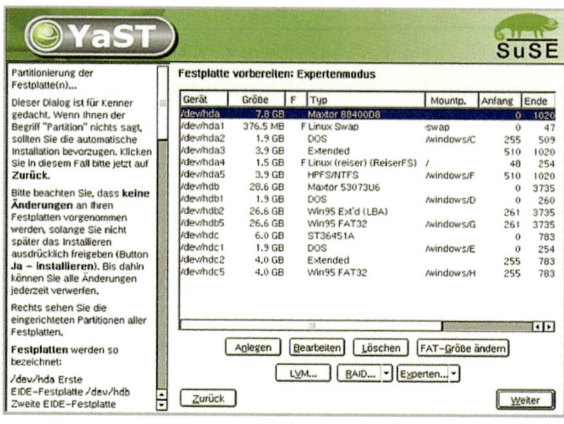

9 Nun müssen Sie entscheiden, wie Ihre Linux-Installation ausgestattet werden soll. Zu empfehlen ist das Standard-System mit Office. Es handelt sich dabei nicht um Microsoft Office, sondern um StarOffice. Sollte diese Konfiguration nicht eingestellt sein, müssen Sie dies manuell einbinden. Klicken Sie hierzu zunächst auf *Software*. In dem folgenden Fenster wählen Sie dann die

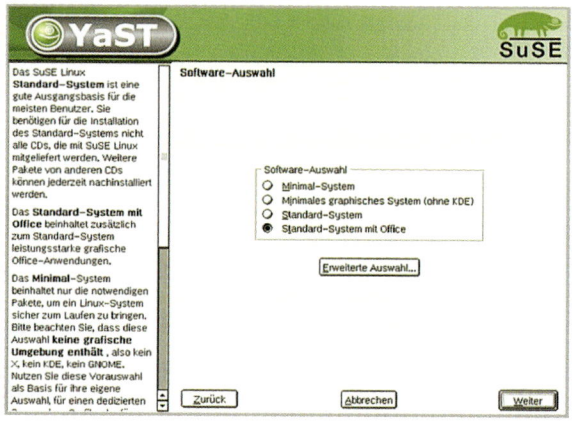

Option *Standard-System mit Office* aus. Wenn Sie selbst einzelne Pakete der ausgewählten Installation ändern möchten, klicken Sie auf *Erweiterte Auswahl*. Dann können Sie einfach per Mausklick Anwendungen hinzufügen oder von der Installation ausschließen.

10 Im Normalfall wird Linux einen Bootmanager im MBR der Festplatte installieren. Über diesen Bootmanager können Sie dann auswählen, ob Windows 98/ME oder SuSE Linux gestartet werden soll. Wenn Sie ganz sichergehen wollen, dann lassen Sie Linux eine Bootdiskette erstellen und verzichten auf den Bootmanager im MBR der Festplatte. Sie können dann das System über die Bootdiskette starten. Eine andere Möglichkeit ist die Option mit Loadlin. Hierbei wird ein Programm unter MS-DOS gestartet, das dann Linux startet. Da Sie nur Windows 98/ME installiert haben, spricht aber nichts dagegen, LILO, den Boot-Manager von Linux, zu installieren. LILO überschreibt zwar den MBR. Sie können aber unter Linux und unter MS-DOS jederzeit den MBR wiederherstellen. Wenn Sie sich für den

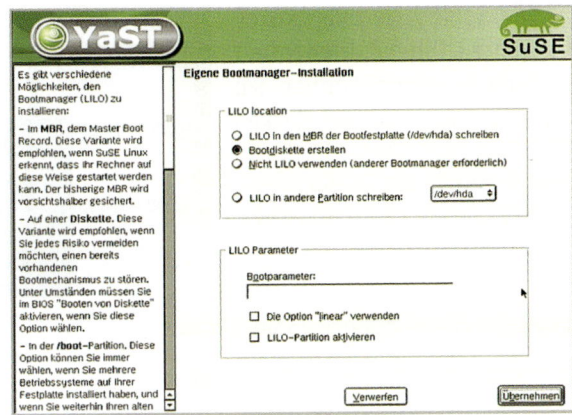

Start per Diskette entscheiden, klicken Sie zunächst auf *Booten*.

11 In dem folgenden Bildschirm können Sie nun auswählen, wie Linux gestartet werden soll.

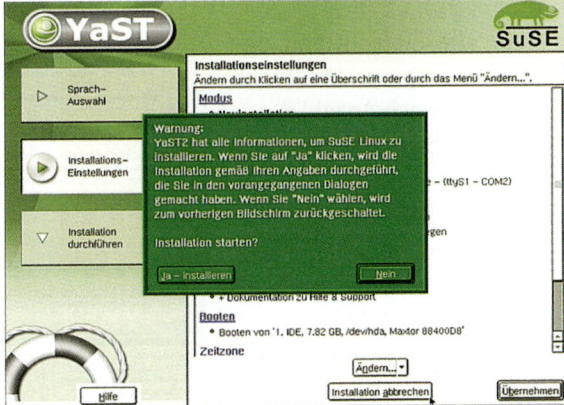

MBR-Boot-Manager

Über einen Boot-Manager, der im MBR steht, kann der Anwender bestimmen, welches Betriebssystem gestartet wird. Die Beschränkung auf eine aktive Partition entfällt hiermit.

12 Sobald Sie alle Einstellungen zu Ihrer Zufriedenheit angepasst haben, können Sie die Installation starten. Klicken Sie hierzu auf die Schaltfläche *Übernehmen*. Es erscheint ein Bestätigungsfenster. Es ist Ihre letzte Chance, noch Änderungen zu machen, bevor die Dateien auf die Festplatte kopiert werden. Sind Sie mit allen Angaben zufrieden, dann klicken Sie auf *Ja – installieren*.

13 Nun wird die erweiterte Partition angelegt, die alle anderen Partitionen (Laufwerke) für Linux enthält. Anschließend werden die Dateien von den Linux-CDs kopiert. Die Prozedur kann je nach Anzahl der zu installierenden Pakete auch über eine Stunde dauern. Wenn Sie das Foto des Entwicklerteams von SuSE bzw. die Werbeeinblendungen lieber durch eine detaillierte Anzeige des Installationsfortschritts ersetzen möchten, klicken Sie auf *Details*.

14 Anschließend müssen Sie das Passwort eingeben, ohne dass Sie sich nicht als root anmelden können. Sie können nur sich auf root anmelden, wenn Sie das Kennwort kennen. Wenn Sie administra-

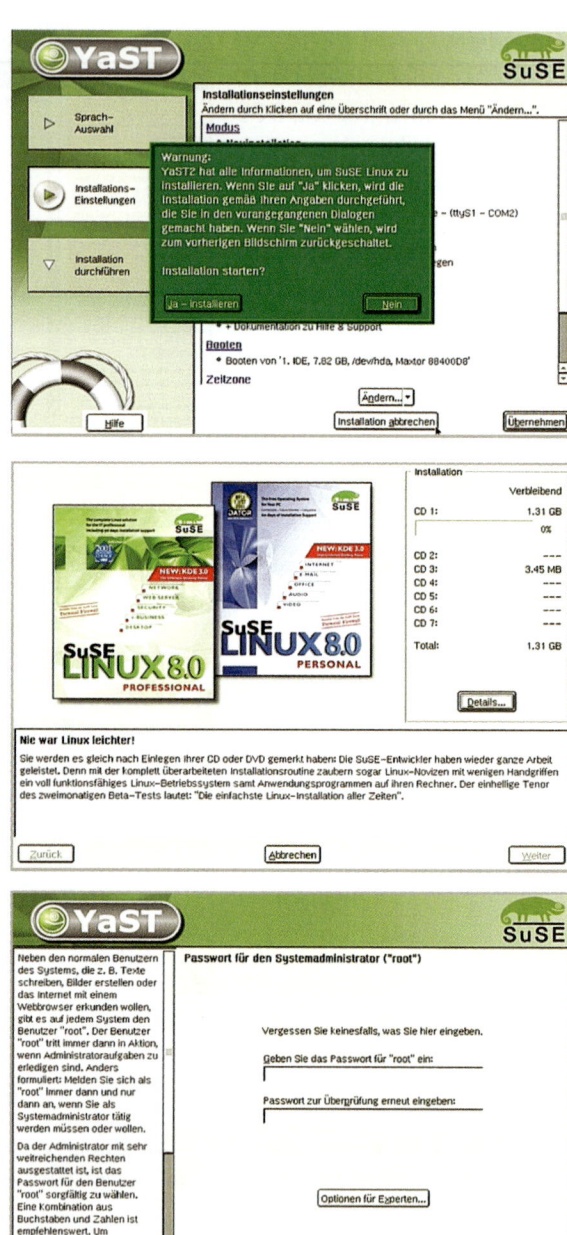

tiv das System warten möchten, müssen Sie sich als root anmelden. Sie müssen sich beispielsweise als root anmelden, wenn Sie mit dem Linux-Partitionierungsprogramm Fdisk arbeiten möchten. Zu Ihrer Sicherheit müssen Sie das Passwort doppelt eingeben.

15 Während der Installation erhalten Sie eine wichtige Meldung, wenn Sie LILO im MBR installiert haben. Es wurde nämlich ein Backup des MBR erstellt. Sollten Sie Linux wieder entfernen wollen, schreiben Sie sich die Zeile auf, mit der Sie den ursprünglichen MBR wiederherstellen können. Allerdings können Sie den MBR auch unter DOS mit Fdisk wiederherstellen. Wie LILO wieder entfernt werden kann, erfahren Sie weiter hinten in diesem Kapitel.

16 Geben Sie anschließend Ihre Benutzerdaten ein. Sie benötigen einen Login-Namen, mit dem Sie sich anmelden können. Sie sollten hier ein Kennwort eingeben, das sich von dem Kennwort des root unterscheidet. Mit dem Benutzer-Login haben Sie keine Administrator-Rechte. Melden Sie sich mit Ihrem normalen Login-Namen an, wenn Sie das System nicht warten müssen.

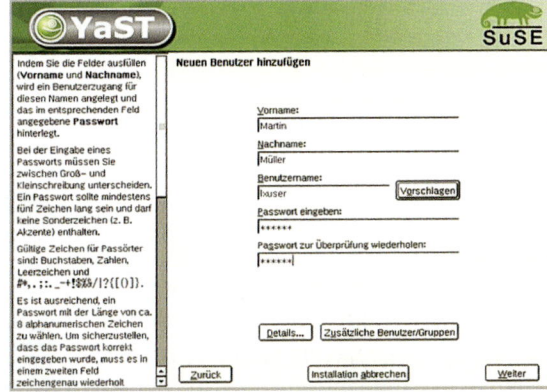

17 Sofern der Monitor nicht automatisch erkannt wird, werden Sie aufgefordert, das entsprechende Modell aus einer Liste auszusuchen. Der Bildschirm kann beim Testen des Montitors etwas flackern, was aber normal ist. Im Anschluss an diese Einstellung müssen Sie noch die Einstellung für die grafische Oberfläche bestätigen.

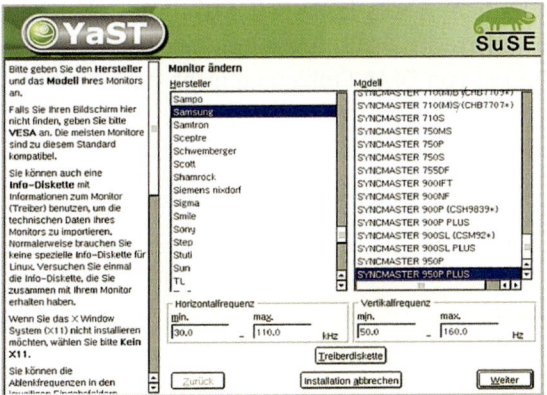

18 Zum Schluss der Installation werden noch die Geräte angezeigt, die entweder nicht erkannt worden sind oder aber von Ihnen manuell eingerichtet werden müssen. Wie schon bei der Monitor-
auswahl können Sie über einen Klick auf das jeweilige Gerät den Gerätetreiber auswählen. Zum Abschluss der Installation klicken Sie auf die Schaltfläche *Weiter*.

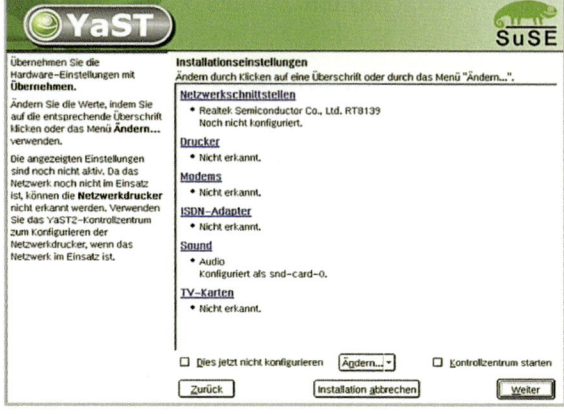

Linux mit LILO booten

Falls Sie für LILO keinen so bunten Bildschirm, sondern eher ein *boot:* im Kopf haben, dann stimmt beides. Bei der Linux-
Distribution von SuSE ist es grafisch halt
hübsch aufgebaut worden. Sie können
nun zwischen Linux und Windows booten.
Außerdem kann Linux in einer Art abgesi-
chertem Modus (*Safe Settings*) gestartet
werden, falls sich Linux beispielsweise aufgrund von DMA-Problemen nicht starten
lässt.

Info

Wo ist das Windows-Startmenü?

Wenn Sie das Windows-Startmenü benötigen, um zum Beispiel unter Windows 98 in
den MS-DOS-Modus zu gelangen, dann wählen Sie zunächst den Eintrag *Windows* in
LILO aus. Drücken Sie die [Enter]-Taste. Danach drücken Sie sofort die [F8]-Taste.

Loadlin nachträglich installieren

Um Loadlin im Nachhinein auf der Windows-Partition zu installieren, öffnen Sie die CD 1 der SuSE-Linux-Distribution. Öffnen Sie dort das Verzeichnis *Dosutils*. Kopieren Sie dann den Ordner *Loadlin* auf das Laufwerk *C:/*.

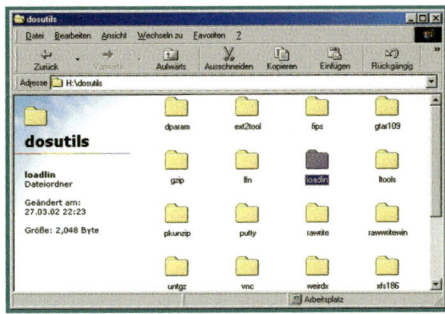

Linux mit Loadlin starten

1 Starten Sie den Rechner im MS-DOS-Modus. Bei Windows ME müssen Sie hierzu eine Startdiskette verwenden. Sobald das Auswahlmenü erscheint, wählen Sie den Eintrag *5. Nur Eingabeaufforderung* aus. Anschließend starten Sie den MS-DOS-Modus mit CD-ROM-Unterstützung.

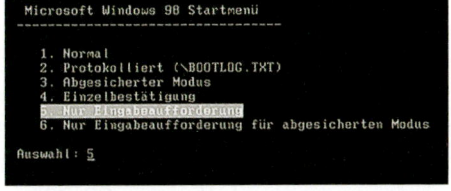

2 Geben Sie nacheinander die folgenden drei Zeilen ein. Schließen Sie jede Eingabe durch Drücken der (Enter)-Taste ab:

```
C:\
 cd C:\Loadlin
linux xxx
```

(*xxx* steht für die Root-Partition. Hat die Root-Partition die Bezeichnung *hda7*, dann geben Sie „Linux hda7" ein. Sie sollten also spätestens jetzt den Zettel herauskramen, auf dem Sie die einzelnen Partitionen notiert haben, die YaST2 während der Installation angelegt hat.

Nach dem Start der grafischen Oberfläche KDE werden Sie feststellen, dass die Windows-Partition bereits eingebunden worden ist. Sie können nun Daten zwischen Windows und Linux austauschen. Wenn Sie KDE beenden, können Sie übrigens auch als Startoption auswählen, dass Linux oder Windows gebootet werden soll. Damit ersparen Sie sich die Auswahl unter LILO.

LILO unter MS-DOS löschen

In diesem Kapitel werden Sie an die Deinstallation des Bootladers LILO und anschließend von Linux selbst herangeführt. Im ersten Teil geht es um die Entfernung von LILO. Es wird gezeigt, wie der MBR mit dem MS-DOS-Loader ersetzt wird, um wieder ganz normal Windows 98/ME zu starten.

Sie können LILO auf zwei Arten entfernen – entweder unter Linux oder unter MS-DOS. Unter MS-DOS ist es recht einfach.

1 Starten Sie das System im MS-DOS-Modus.

2 Anschließend rufen Sie das Programm Fdisk auf. Unter MS-DOS lautet der Befehl

fdisk /mbr

`A:\>fdisk /mbr`

LILO unter Linux löschen

Sie können auch den MBR unter Linux wiederherstellen. Sie erinnern sich vielleicht noch an das Fenster, das zu diesem Thema während der Installation von Linux mit YaST2 in Erscheinung getreten war.

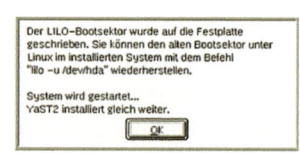

1 Starten Sie Linux und melden Sie sich anschließend als root an.

2 Zunächst einmal öffnen Sie die Konsole auf dem KDE-Desktop. Klicken Sie hierzu auf die Muschel.

3 In die Konsole geben Sie folgende Befehlszeile ein:

LILO −u /dev/hdX

Das *X* steht für die Festplatte mit der Linux-Partition. Wenn die Festplatte auf dem primären IDE-Kanal als Master angeschlossen ist, dann lautet der Befehl *LILO −u/dev/hda*. Ist die Festplatte als Slave-Festplatten-laufwerk an dem primären IDE-Kanal angeschlossen, dann ist es *hdb*. Da Sie aber den Rechner über LILO gebootet und wir Ihnen nur diese Option angeboten haben, muss *hda* die richtige Eingabe sein.

Linux-Partition entfernen

Wenn Sie Windows booten, um die erweiterte Partition zu löschen, auf der das Linux-System eingerichtet worden ist, dann werden Sie eine Überraschung erleben. Denn Fdisk erklärt Ihnen bei jedem Lösch-versuch, dass innerhalb der erweiterten Partition ein logisches Laufwerk vorhanden ist. Wollen Sie sich das logische Laufwerk anzeigen lassen, dann erhalten Sie die Meldung, dass kein logisches Laufwerk vorhanden ist. Sie müssen also einen anderen Weg gehen. Die Partition muss unter Linux gelöscht werden.

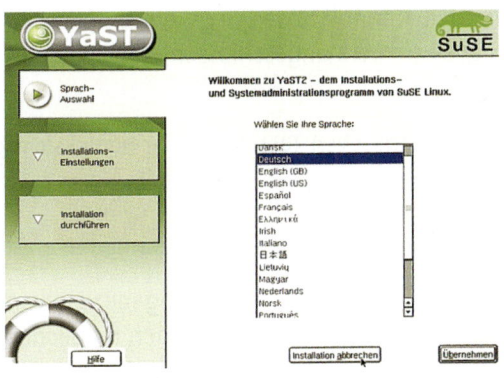

1 Starten Sie das YaST2-Setup-Pro-gramm. Wie dieses Programm aufge-rufen wird, haben wir Ihnen bereits bei der Installation von Linux gezeigt. Sobald Sie die Schaltfläche *Installati-on abbrechen* sehen, klicken Sie die-se Schaltfläche an. Eine weitere Ab-frage zur Bestätigung erscheint. Klicken Sie auf *Installation abbre-chen*.

6. Mehrwertsystem: Zwei Betriebssysteme auf einer Festplatte

2 In dem nachfolgenden Menü wählen Sie den Eintrag *Start installation/System* aus. In dem darauf folgenden Fenster wählen Sie *Start rescue system* aus. Damit wird ein Notfallsystem initialisiert. Wundern Sie sich nicht, wenn Sie noch auf das installierte Linux zugreifen können. Mit dem Überschreiben des MBR wurde nur LILO gelöscht, nicht aber

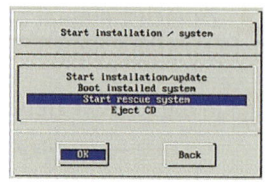

Linux. Linux könnte jederzeit mit Loadlin wieder zum Leben erweckt werden.

3 Nun müssen Sie auswählen, von wo aus das Notfallsystem gestartet werden soll. Wählen Sie nicht die Festplatte aus, da Sie ja dann die Linux-Partition aktivieren würden, die Sie ja löschen wollen. Wählen Sie also den Eintrag *CD-ROM* aus. Das Notfallsystem wird dann in eine Ramdisk installiert.

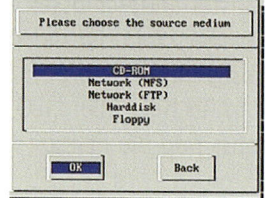

Ramdisk?

Eine Ramdisk ist ein Laufwerk, das im Arbeitsspeicher eingerichtet wird. Alle Zugriffe auf dieses Laufwerk werden über einen Treiber simuliert. Man kann eine Ramdisk genauso ansprechen wie jedes andere Laufwerk auch. So können Daten auf diese Ramdisk kopiert und gelöscht werden. Der Vorteil gegenüber einer Festplatte ist, dass Zugriffe auf eine Rammdisk wesentlich schneller ablaufen.

4 Das Login wird angezeigt. Melden Sie sich als root an. Nun sehen Sie die Eingabeaufforderung *Rescue:~#*.

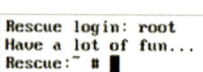

5 Geben Sie nun „fdisk /dev/xxx" ein (*xxx* steht für Festplatte mit der Linux-Partition). Wenn die Festplatte auf dem primären IDE-Kanal (Master) liegt, dann ist es *hda*. Ist die Platte als Slave-Laufwerk angeschlossen, dann wäre es *hdb*.

Englischen Tastaturtreiber berücksichtigen

Achten Sie darauf, dass aufgrund des englischen Tastaturtreibers das /-Zeichen auf der ⊡-Taste liegt.

Anschließend erscheint die Eingabezeile von Fdisk (Linux). Wenn Sie „m" eingeben, dann erscheint ein Menü mit den möglichen Befehlen von Fdisk.

6 Ob Sie auch die richtige Festplatte erwischt haben, das erfahren Sie, wenn Sie „p" eingeben. Dann erscheinen alle Partitionen der ausgewählten Festplatte. Wichtig ist die Partition mit dem Namen *Extended*. Das ist die erweiterte Partition, in der alle anderen Partitionen (*Linux*, *Linux swap*) enthalten sind. Die erweiterte Partition hatte Fdisk (Windows) zwar erkannt, die logischen Laufwerke (*hda2– hda7*) aber konnte es nicht erkennen.

```
Command (m for help): p

Disk /dev/hda: 128 heads, 63 sectors, 620 cylinders
Units = cylinders of 8064 * 512 bytes

  Device Boot    Start       End    Blocks   Id  System
/dev/hda1    *       1       140   564448+    b  Win95 FAT32
/dev/hda2          141       620  1935360     5  Extended
/dev/hda5          141       144   16096+    83  Linux
/dev/hda6          145       192  193504+   82  Linux swap
/dev/hda7          193       620 1725664+   83  Linux

Command (m for help):
```

7 Nun müssen Sie aufpassen. Geben Sie zunächst den Befehl „d" ein. Anschließend müssen Sie die *Partition number* (Nummer) eingeben, die gelöscht werden soll. Sie können nun die logischen Laufwerke einzeln löschen oder gleich die gesamte erweiterte Partition. Da in dieser Partition die logischen Laufwerke enthalten sind, werden diese gleich mitgelöscht.

```
  Device Boot    Start       End    Blocks   Id  System
/dev/hda1    *       1       140   564448+    b  Win95 FAT32
/dev/hda2          141       620  1935360     5  Extended
/dev/hda5          141       144   16096+    83  Linux
/dev/hda6          145       192  193504+   82  Linux swap
/dev/hda7          193       620 1725664+   83  Linux

Command (m for help): d
Partition number (1-7): /dev/hda2
Partition number (1-7): 2

Command (m for help): p

Disk /dev/hda: 128 heads, 63 sectors, 620 cylinders
Units = cylinders of 8064 * 512 bytes

  Device Boot    Start       End    Blocks   Id  System
/dev/hda1    *       1       140   564448+    b  Win95 FAT32

Command (m for help):
```

8 Die Partition ist aber noch nicht gelöscht. Sie können also Fdisk (Linux) immer noch über den Befehl *q* verlassen. Haben Sie sich aber davon überzeugt, die richtige Partition eingegeben zu haben,

```
Command (m for help): w
The partition table has been altered!

Calling ioctl() to re-read partition table.
Syncing disks.
Rescue:~ # reboot
```

dann geben Sie den Befehl „w" ein. Sobald Sie diesen Befehl abgesetzt haben, ist die erweiterte Linux-Partition weg. Anschließend geben Sie „reboot" ein, um das System neu zu starten. Achten Sie darauf, dass Sie, wenn das CD-Laufwerk als Bootdevice im BIOS eingetragen ist, diese Einstellung auf HDD umstellen.

Sie können anschließend unter MS-DOS das Programm Fdisk aufrufen. Die Linux-Partition sollte dann verschwunden sein.

7. Festplatten im Doppelpack: RAID-Controller verwenden

RAID steht für **R**edundant **A**rray **O**f **I**ndependent **D**isks *oder* **R**edundant **A**rray of **I**nexpensive **D**isks. Das ist eine sehr lange Bezeichnung für eine einfache Sache. Bei einem RAID werden Festplatten zu einem Array zusammengefasst. Dies bedeutet vereinfacht, dass der RAID-Controller dem Betriebssystem angibt, dass nur eine Festplatte vorhanden ist, obwohl es mehrere Festplatten sein können. Dies hat jedoch nichts mit Platzverschwendung zu tun. Der Anwender kann über einen RAID eine bessere Performance (RAID-0) erreichen, eine automatische Datensicherung (RAID-1) vornehmen oder beides kombinieren (RAID 0+1). Damit das alles auseinander gehalten werden kann, sind den einzelnen RAID-Konfigurationen so genannte Levels zugeordnet. Drei Level haben wir Ihnen gerade vorgestellt. RAID-0, RAID-1 und die Kombination beider Level RAID 0+1. Mit diesen drei Levels werden wir uns in diesem Kapitel beschäftigen. Es gibt aber noch wesentlich mehr Level, die wir Ihnen nicht vorstellen können, da diese Level für Desktop-Computer nicht ausgelegt worden sind.

Geschwindigkeit steigern mit RAID-0 (Striping)

Wenn Sie über zwei Festplatten mit gleicher Kapazität und Zugriffszeiten verfügen, dann können Sie sich überlegen, einen RAID-Controller 0 zuzulegen. Am besten ist es, wenn Sie zwei gleiche Platten desselben Herstellers verwenden. Bei einem RAID-0 werden die Daten in so genannten Stripes (Streifen) aufgeteilt. Bei diesen Streifen handelt es sich um kleine Datenblöcke, die auf beide Festplatten gleichmäßig verteilt werden. Wenn Sie beispielsweise eine Datei abspeichern, dann wird diese auf beide Festplatten des RAID-0 verteilt. Durch dieses Verfahren wird der RAID-0 immer eine bessere Leistung mit den beiden Festplatten aufweisen, als wenn Sie die Platten einzeln im Rechner betreiben würden. Allerdings wird die Zugriffszeit sich hierdurch nicht halbieren. Der RAID-Controller erreicht die Leistungssteigerung durch das optimale Verteilen der einzelnen Streifen auf die angeschlossenen Festplatten. Dadurch, dass auf mehreren Platten gleichzeitig gelesen werden kann, erhöht sich die Übertragungsrate.

RAID-0 nur mit Datensicherung

Wenn bei einem RAID-0 eine der beiden Festplatten ausfallen sollte, dann sind alle gespeicherten Daten dahin. Da die zu speichernden Daten auf beide Festplatten aufgeteilt werden, ist eine Rekonstruktion nicht möglich. Deshalb müssen Sie vor einem RAID-0 immer die Daten sichern, wie Sie es auch mit anderen Festplatten machen würden.

Sicherheit steigern mit RAID-1 (Mirroring)

Wenn Sie eine eingebaute automatische Datensicherung haben möchten, dann ist RAID-1 optimal. Wenn Sie zwei Festplatten mit RAID-1 benutzen, werden zu speichernde Daten gleichermaßen auf beide Festplatten geschrieben. Die Daten werden also auf die andere Festplatte gespiegelt (auch Drive Duplexing oder Mirroring genannt). Wenn eine Platte ausfällt, dann können Sie mit der zweiten Platte weiterarbeiten, da auf ihr ja alle Daten vorhanden sind. Sie müssen lediglich die defekte Platte austauschen. Einige RAID-Controller erlauben das so genannte HOT-Plugging. Damit ist gemeint, dass Sie während des Betriebs des Rechners eine defekte Festplatte austauschen können, ohne den Rechner hierbei herunterfahren zu müssen. Aber sensible Daten sollten Sie trotzdem zusätzlich sichern. Im Falle eines Überspannungsschadens (Blitzeinschlag) könnten auch beide Festplatten draufgehen.

Verschiedene Festplatten nutzen

Sie können auch Festplatten mit unterschiedlichen Kapazitäten an einen RAID hängen. Allerdings wird dann nur so viel Platz auf der größeren Festplatte genutzt, wie die kleinste Platte hat. Der restliche Speicherplatz würde nicht genutzt werden.

Geschwindigkeit und Sicherheit optimieren mit RAID 0+1

Wenn Sie vier baugleiche Festplatten haben, dann sollten Sie einmal über RAID 0+1 nachdenken. Sie können so nämlich die Vorzüge von RAID-0 und RAID-1 nutzen. Zwei Festplatten werden als RAID-0 zusammengeschlossen. Hierdurch wird die

Performance gesteigert. Die anderen beiden Platten hingegen dienen als Spiegelung für den RAID-0 und stellen damit den RAID-1 dar. Dies dient der Datensicherheit. Es ist also möglich, bis zu vier Festplatten (Desktop-RAID-Controller) unter RAID 0+1 einzubinden.

RAID-Array über Controller anlegen

Die meisten RAID-Controller werden direkt beim Booten des Rechners über eine Tastaturkombination angesprochen. Zusätzlich bieten einige RAID-Controller auch eine Administratorsoftware für Linux und Windows an. Sie haben meistens die Auswahl, einen RAID über die Administratorsoftware oder direkt über das BIOS des RAID-Controllers zu erstellen. Es empfiehlt sich, das BIOS des RAID-Controllers einzusetzen, wenn Sie beispielsweise einen RAID für die Installation von Windows verwenden möchten. In diesem Fall muss der RAID fertig eingerichtet sein, bevor Sie das Setup von Windows aufrufen. Besonders Windows 98/ME kann nur auf einem fertigen RAID-System installiert werden. In der nachfolgenden Anleitung wird ein RAID-Controller von HighPoint benutzt. Die einzelnen Menüpunkte sind bei Ihrem RAID-Controller vielleicht anders aufgebaut, aber der Befehlsumfang dürfte der gleiche sein.

1 Das BIOS des HighPoint 370 RAID-Controller wird über die Tastenkombination [Strg]+[H] aufgerufen. Anschließend erscheint das Menü des BIOS. Um einen RAID zu erstellen, müssen Sie 1. Create RAID auswählen.

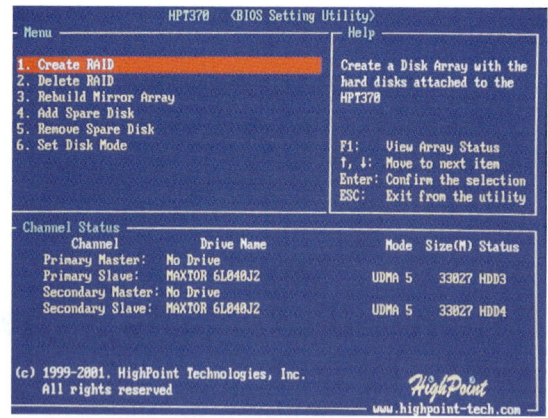

2 Als nächsten Schritt müssen Sie den Array-Typ festlegen. Hierzu wählen Sie in dem Menü den Eintrag *1. Array Mode* aus. Ein Untermenü mit den zur Verfügung stehenden Array-Typen wird eingeblendet.

3 Wie Sie sehen, bietet der HighPoint 370 nicht allzu viel an. Es handelt sich um die Modi RAID-0, RAID-1, RAID 0+1, und Span (Spanning). Die einzelnen Modi sind am Anfang dieses Kapitels beschrieben worden. Wir haben uns für den RAID-0 entschieden. Wie Sie im unteren Teil des Bildschirms erkennen können, wurden hierzu zwei Festplatten (MAXTOR 6L040J) an den Controller angeschlossen.

4 Nun müssen Sie die Festplatten aussuchen, die zu einem Array zusammengeschlossen werden sollen. Wählen Sie hierzu den Punkt *2. Select Disk Drives* aus. Anschließend werden die Festplatteneinträge im unteren Fenster aktiviert. Sie können nun die Festplatten auswählen, die in dem Array zusammengeschlossen werden sollen. In unserem Beispiel wurden beide Festplatten ausgewählt. Das können Sie an den Einträgen *1* und *2* vor den beiden Festplatten erkennen.

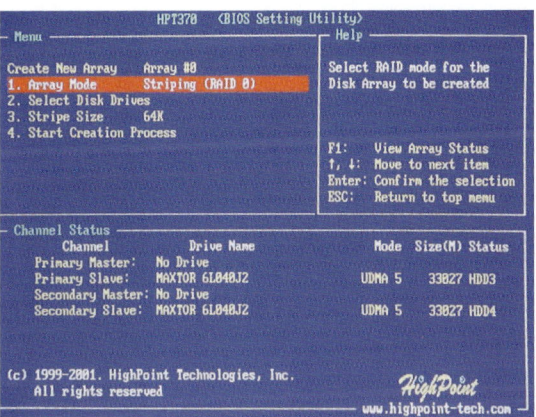

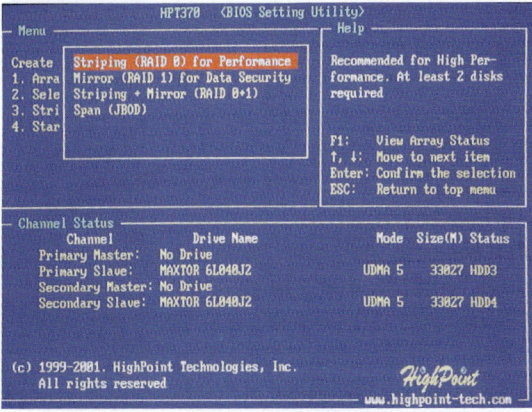

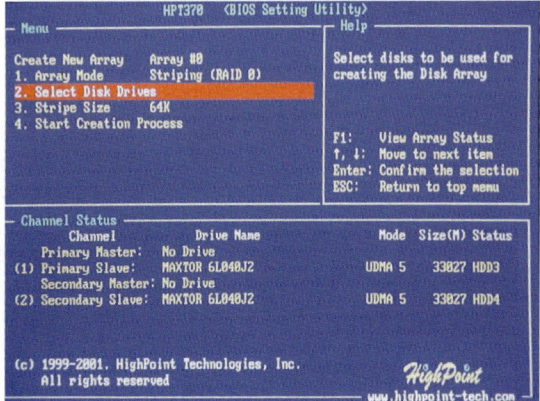

135

5 Jetzt müssen Sie die Streifengröße (siehe in diesem Kapitel „Geschwindigkeit steigern mit RAID-0 (Striping)") bestimmen. *64 K* sollten Sie nehmen. Je kleiner die Streifengröße ist, desto weniger Speicherplatz wird zwar verbraucht, aber die Performance wird dadurch nicht optimal gesteigert.

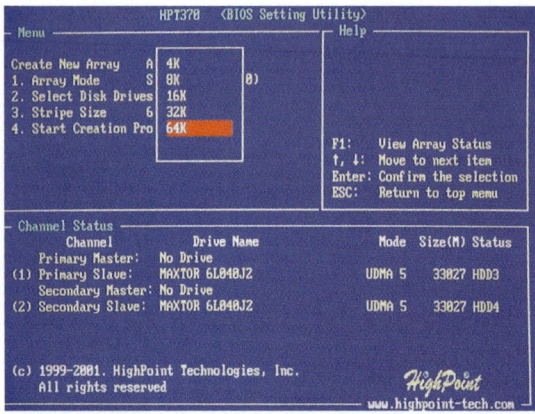

6 Anschließend wählen Sie *4. Start Creation Process*. Sie werden noch einmal darauf hingewiesen, dass alle eventuell noch vorhandenen Daten auf den Festplatten mit Einrichten des Array zerstört werden. Sehen Sie sich den Festplattenstatus der zweiten Platte an. Er wurde von HDD4 auf Hidden gesetzt. Damit soll die Festplatte versteckt werden. Allerdings interessiert das Windows XP recht wenig. Dort wird trotzdem die versteckte Platte erkannt. Dadurch wird aber der Betrieb des RAID nicht gefährdet.

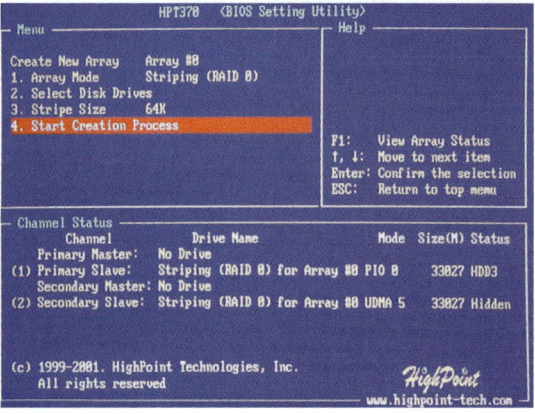

Wenn der Bluescreen kommt (Windows XP)

Es kann vorkommen, dass Windows XP Sie mit einem Bluescreen begrüßt, nachdem Sie den RAID eingerichtet haben. Es scheint keine Möglichkeit zu geben, den RAID korrekt einzubinden. In einem solchen Fall müssen Sie sich eine MS-DOS-Startdiskette besorgen. Das Programm Fdisk muss auf dieser Diskette enthalten sein. Legen Sie nun auf dem RAID-System mindestens eine Partition an. Fdisk wird Ihnen vielleicht merkwürdige Zahlen für die Gesamtkapazität der Festplatte liefern. Das soll aber nicht weiter stören. Sie können unter Windows XP später die Partition über die Datenträgerverwaltung wieder löschen.

Info

Es geht nur darum, dass Windows XP korrekt gestartet wird. Ist dies nach dem Partitionieren mit Fdisk der Fall, können Sie unter Datenträgerverwaltung die richtige Partitionierung vornehmen. Sofern Sie von CD booten können, ist der Einsatz der Wiederherstellungskonsole auch möglich. Dort gibt es den Befehl *DISKPART*, mit dem Sie ebenfalls eine Festplatte partitionieren können. Jedoch ist der Einsatz von Fdisk etwas schneller.

Die Datenübertragungsgeschwindigkeit der Festplatte einstellen

Beim HighPoint 370 müssen Sie die Festplatten-Datenübertragungsgeschwindigkeit per Hand festlegen. Hier müssen Sie aufpassen, um die richtigen Werte für die Festplatten einzustellen. Sonst ist ein korrekter Betrieb nicht möglich. Im schlimmsten Fall erhalten Sie während des Betriebs unter Windows XP Fehlermeldungen. Es kann aber auch nur sein, dass der Datenzugriff unendlich lange zu dauern scheint. Jetzt haben Sie bestimmt nicht immer die Festplattendaten zur Hand. In einem solchen Fall sollten Sie die Internetseite des Herstellers Ihrer Festplatte aufrufen, um dort die Daten zu erhalten. Auf der Seite werden Sie auch eine E-Mail-Adresse des Supports finden, um notfalls dort die Daten abzufragen, falls auf der Seite selbst keine Daten Ihrer Festplatte verfügbar sind.

Software-RAID-0 mit Windows XP Professional

Sie können auch unter Windows XP professional einen Software-RAID erstellen. Hierzu müssen Sie dynamische Datenträger verwenden. Allerdings hat ein Software-RAID ein paar Nachteile. Sie können nur mit Windows XP und Windows 2000 mit diesem dynamischen Datenträger arbeiten. Windows 98/ME kann nichts mit dynamischen Datenträgern anfangen. Auch Fdisk wird die einzelnen Platten das Software-RAIDs einzeln ansprechen. Ein Vorteil des Software-RAIDs ist, dass er auch mit Partitionen zusammenarbeitet. Sie können so beispielsweise auf zwei verschieden große Festplatten zwei Partitionen mit der gleichen Größe einrichten. Ein Nachteil der Softwarelösung ist, dass die Verwaltung der dynamischen Datenträger von Windows 2000/XP übernommen werden muss. Hierdurch wird die CPU beansprucht, was die Leistung des Systems bei Prozessoren unter 500 MHz mindern wird.

In der nachfolgenden Anleitung zeigen wir Ihnen, wie Sie ein RAID-0 (Striping)-System unter Windows XP einrichten können. Hierzu müssen Sie erst einmal dynamische Datenträger erzeugen oder bestehende Datenträger in dynamische Datenträger konvertieren. Der Rest ist einfach. Hierzu bietet Windows wiederum Kontextmenüs und Assistenten an, die Sie durch die Installation geleiten. Wenn unter Windows XP dynamische Datenträger zu einem RAID-0 zusammengefasst werden, wird dieses Volumen Stripesetvolumes genannt.

1 Zuerst einmal müssen Sie in die Datenträgerverwaltung gelangen.

2 Wir gehen davon aus, dass ein bereits installierter Datenträger in einen dynamischen Datenträgern  konvertiert werden soll. Klicken Sie hierzu in der Datenträgerverwaltung auf den zu konvertierenden Datenträger. Es erscheint ein Kontextmenü, aus dem Sie den Eintrag *In dynamischem Datenträger konvertieren* auswählen.

3 Es erscheint ein neues Fenster, in dem bereits der Datenträger ausgewählt ist, den Sie mit der rechten Maustaste angeklickt haben. Klicken Sie auf keinen Fall einen anderen Datenträger an, da ansonsten dieser konvertiert werden würde (und damit auch alle seine Partitionen, die gar nicht konvertiert werden sollten). Beachten Sie auch, dass das Rückkonvertieren von dynamischen Datenträgern in Basisdatenträger nur möglich ist, wenn alle Partitionen vorher von dem dynamischen Datenträger gelöscht werden.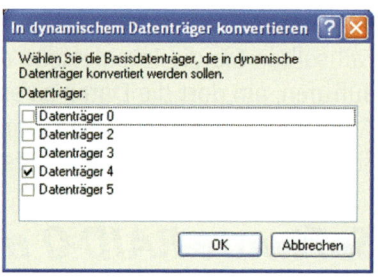

4 Sofern auf dem Datenträger Laufwerke enthalten sind, werden diese Laufwerke Ihnen nun in einer Übersicht angezeigt. Über die Schaltfläche *Details* können Sie sich Informationen über die einzelnen Laufwerke verschaffen. Das Konvertieren der Laufwerke geschieht über die Schaltfläche *Konvertieren*.

5 Anschließend erfolgen noch Sicherheitsabfragen, ob Sie sich auch sicher sind, das Laufwerk zu konvertieren. Den Hinweis, dass ein eventuell eingerichtetes Betriebssystem auf dem Laufwerk nicht mehr gestartet werden kann, sollten Sie ernst nehmen. Haben Sie ein Multiboot-System und Windows 98/ME auf einem der Laufwerke oder Festplatte erstellt, dann kann diese Windows-Version nicht mehr gestartet werden, sobald das Laufwerk konvertiert worden ist.

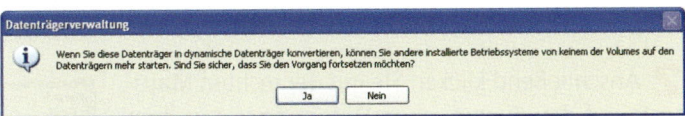

6 Sobald die Konvertierung abgeschlossen ist, wird das Laufwerk von *Basis* auf *Dynamisch* gesetzt. Das Konvertieren kann übrigens einige Zeit dauern. Während dieser Zeit sollten Sie möglichst nicht am Rechner arbeiten. Ein Systemabsturz in der Phase des Konvertierens wäre nicht gerade sehr glücklich und kann zum Datenverlust führen. Nach dem Konvertieren werden die einzelnen Partitionen als Volumen bezeichnet.

7 Um einen Stripeset-Datenträger zu erstellen, benötigen Sie mindestens zwei dynamische Datenträger. Sie müssen also noch ein Laufwerk in einen dynamischen Datenträger umwandeln.

8 Um nun den Raid-0 (Stripset) anzulegen, klicken Sie mit der rechten Maustaste auf den freien Speicherplatz einer der soeben angelegten dynamischen Datenträger. Klicken Sie dann auf *Volume*.

9 Klicken Sie im Assistenten zum Erstellen neuer Volumes auf *Weiter*. Dann klicken Sie auf *Stripeset*. Anschließend folgen Sie den Anweisungen des Assistenten.

Dynamische Datenträger in Basisdatenträger umwandeln

Natürlich geht es auch umgekehrt. Sie können dynamische Datenträger wiederum in Basisdatenträger zurückkonvertieren. Zuvor müssen jedoch alle Volumen vom dynamischen Laufwerk entfernt werden. Auch eventuell laufwerkübergreifende Erweiterungen oder eine Spiegelung des Laufwerks müssen entfernt werden.

7. Festplatten im Doppelpack: RAID-Controller verwenden

1 Zum Entfernen der einzelnen Volumen klicken Sie diese Volumen einzeln mit der rechten Maustaste an. Aus dem Kontextmenü wählen Sie dann den Eintrag *Volumen löschen* aus.

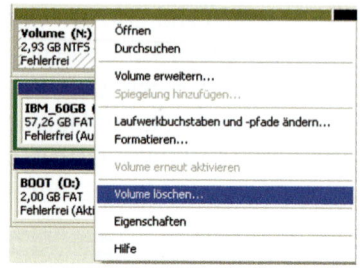

2 Anschließend klicken Sie mit der rechten Maustaste auf den dynamischen Datenträger. Aus dem erscheinenden Kontextmenü wählen Sie den Eintrag *In einen Basisdatenträger konvertieren* aus.

8. Die häufigsten Fehlermeldungen und wie Sie sie überwinden

Hier bekommen Sie einige kurze Tipps für die häufigsten Fehlermeldungen.

Fehlermeldungen beim Bootvorgang

Um es gleich vorwegzunehmen, die Fehlermeldungen des BIOS sind meistens nicht allzu redselig. So kann ein *Please Insert Bootdisk* bedeuten, dass die eingelegte Diskette nicht gebootet werden kann, weil überhaupt keine Diskette im Laufwerk liegt oder die Festplatte keine aktive Partition hat. Wir haben in der nachfolgenden Tabelle die gängigsten BIOS-Fehlermeldungen einmal zusammengetragen.

BIOS-Fehlermeldung	Ursache	Vorgehen
Disk Boot Failure insert system disk and press enter Floppy Disk (s) fail	Auf dem Bootlaufwerk kann kein Betriebssystem gefunden werden.	Überprüfen Sie, ob Bootdiskette im Laufwerk liegt. Überprüfen Sie, ob eine bootfähige Diskette eingelegt ist. Ist die Festplatte das Bootlaufwerk, überprüfen Sie, ob die Festplatte als Bootlaufwerk formatiert ist. Machen Sie einen Kabelcheck. Eventuell MBR neu installieren. Überprüfen Sie, ob die primäre Bootpartition aktiv ist.
Drive Error C:, D:	Das Laufwerk wurde zwar erkannt, es kann aber nicht auf das Laufwerk zugegriffen werden.	Daten der Festplatte im BIOS prüfen. Kabelcheck machen.
Drive Failure C:, D:	Festplatte kann nicht angesprochen werden.	Machen Sie einen Kabelcheck. Überprüfen Sie die Angaben der Festplatte im BIOS.
FDD Controller Failure	BIOS kann nicht mit FDD-Controller kommunizieren.	Überprüfen Sie das Anschlusskabel für das Diskettenlaufwerk.
HDD Controller Failure	BIOS kann nicht mit HDD-Controller kommunizieren. Es handelt sich hier meistens um ein Kabelproblem.	Machen Sie einen Kabelcheck.
Invalid Boot Disk	Die Bootdiskette kann zwar gelesen, das Betriebssystem aber nicht gestartet werden.	Überprüfen Sie, ob die Bootdiskette im Laufwerk liegt. Benutzen Sie eine andere Bootdiskette.

BIOS-Fehlermeldung	Ursache	Vorgehen
No ROM BASIC	Das BIOS kann keinen Bootsektor finden. Eventuell hat ein Virus den Bootsektor zerstört.	Überprüfen Sie, ob die Festplatte im BIOS korrekt eingetragen ist.
Primary Master Hard Disk Fail	Das Master-Laufwerk am primären Festplatten-Controller kann nicht angesprochen werden.	Machen Sie einen Kabelcheck.
Primary Slave Hard Disk Fail	Das Slave-Laufwerk am primären Festplatten-Controller kann nicht angesprochen werden.	Machen Sie einen Kabelcheck.
Secondary master hard disk fail	Das Master-Laufwerk am sekundären Festplatten-Controller kann nicht angesprochen werden.	Machen Sie einen Kabelcheck.
Secondary slave hard disk fail	Das Slave-Laufwerk am sekundären Festplatten-Controller kann nicht angesprochen werden.	Machen Sie einen Kabelcheck.
Diskette drives or types mismatch error - run setup	Mit der im BIOS angegebenen Diskettenlaufwerk-Einstellungen kann das Diskettenlaufwerk nicht angesteuert werden kann.	Überprüfen Sie, ob Sie im BIOS als Eintrag für das Diskettenlaufwerk 1,44 MByte stehen haben. Machen Sie einen Diskettencheck (evtl. 720-KByte-Diskette).
No boot device available - strike F1 to retry boot	Entweder haben Sie im BIOS kein Bootdevice eingetragen, oder aber es kann kein Bootdevice gefunden werden.	Machen Sie einen Kabelcheck. Überprüfen Sie die Daten im BIOS.

Kabelcheck

Eine Vielzahl von Fehlermeldungen des BIOS oder vom MBR sind auf nicht korrekte Jumper oder Verkabelungen zurückzuführen. Deshalb werden wir Ihnen nun einen Kabelcheck vorstellen. Dieser Check beginnt beim Einstecken der IDE-Kabel in das Mainboard und endet mit der Überprüfung der Stromkabel für das Laufwerk.

1 Überprüfen Sie zunächst die IDE-Kabel auf kleine Risse. Die Rechner verfügen teilweise über scharfe Kanten an den Einschubschächten. Es kann deshalb vorkommen, dass ein Kabel an einer Kante reißen kann. Hierdurch ist dann der Betrieb der Festplatten gefährdet. Tauschen Sie ein solches Kabel sofort aus.

2 Überprüfen Sie, ob die Kabel im Mainboard richtig festgesteckt sind. Besonders auf die Reihenfolge müssen Sie achten. Wenn nämlich die beiden Kabel vertauscht werden, dann hängt das Festplatten-Bootlaufwerk am sekundären IDE-Kanal. Falls Sie neben den Steckpfosten auf dem Mainbord keine Kennzeichnung finden, in welche Reihenfolge die IDE-

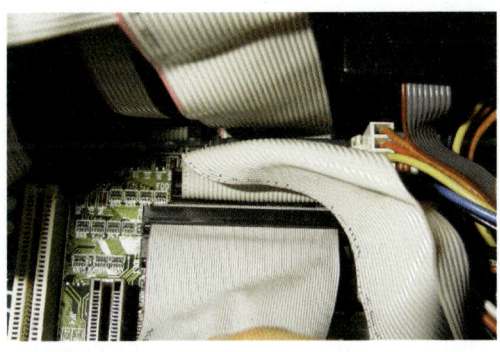

Stecker gesteckt werden müssen, ziehen Sie das Handbuch für das Mainboard zurate. Sie können aber auch über die Festplattenerkennung vom BIOS gehen, sofern das BIOS über eine automatische Erkennung verfügt. Dort können Sie dann überprüfen, welches Laufwerk an welchem Kanal hängt.

3 Bleiben Sie gleich im BIOS. Außer dass beim Einstecken der Kabel die beiden IDE-Kabel falsch eingesteckt werden können, ist es auch möglich, dass Sie die Laufwerke falsch gejumpert haben. Das Bootlaufwerk hängt als Slave auf dem primären IDE-Kanal, während das CD-Laufwerk beispiels-

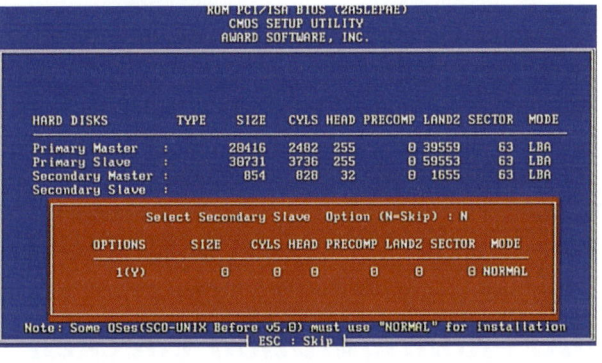

weise als Master gejumpert ist. Mit dieser Konstellation ist dann nur das Booten von bootfähigen CDs möglich.

Beachten Sie, dass es für die Jumper-Einstellungen von Master und Slave keine einheitlichen Regeln gibt. Auf modernen Festplatten ist meistens eine Tabelle aufgedruckt, der Sie entnehmen können, wie das Laufwerk richtig gesteckt wird. Sollte die Tabelle fehlen, versuchen Sie zunächst, die Daten von der Homepage des Festplattenherstellers zu erhalten.

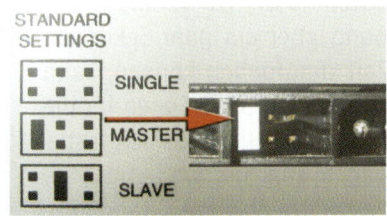

Info

Hilfe aus dem Internet

Wenn Ihnen die Jumper-Einstellungen fehlen oder Sie andere Festplattendaten benötigen, dann sollten Sie einmal auf die Internetseite http://www.webtradecenter.de/pcdisk/ schauen. Besonders für ältere Festplatten finden Sie hier jede Menge Informationen vor.

4 Nun überprüfen Sie das Netzkabel und das IDE-Kabel an der Festplatte. Auch hier dürfen die Kabel nicht quer stecken. Beim Netzkabel sollten Sie darauf achten, dass Festplatte und CD-Laufwerk nicht am selben Kabelstrang hängen.

Festplattenhotline der Hersteller

Ein Update für Festplatten werden Sie im Internet nicht finden. Aber einen neuen Treiber für Windows oder ein neues Utility für die Festplatte lässt sich meistens immer finden. Wenn Sie eine Festplatte haben, auf der die Jumper-Einstellungen für Master/Slave nicht aufgedruckt sind, oder aber es gibt Probleme beim Einrichten der Festplatte, dann sollten Sie einmal auf der Homepage des Herstellers vorbeischauen. Im Support-Bereich sind meistens eine Menge Tipps zusammengetragen worden, die allen Anwendern zur Verfügung stehen.

BIOS-Konfiguration checken

Fast jedes BIOS erkennt inzwischen die Festplatten beim Start automatisch. Da für die Erkennung aber ein paar Sekunden Zeit draufgehen können, kann man im BIOS die Daten für die Festplatte auch manuell festlegen. Wenn Sie aber eine neue Festplatte erwerben, dann müssen Sie diese BIOS-Daten wieder ändern, sonst kann die neue Festplatte nicht korrekt erkannt werden.

Das BIOS auf den neusten Stand bringen

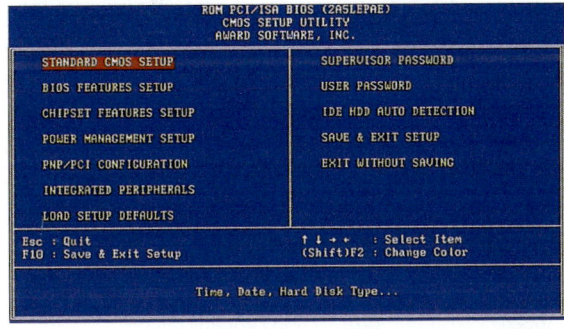

Die meisten Mainbords lassen ein Update des BIOS zu. Es ist aber nicht immer erforderlich, diese Update-Option auch zu nutzen. Im Gegenteil, die Weisheit „never change a running system" gilt immer noch. Sollten Sie allerdings ein Hardwareproblem mit neuer Peripherie haben, dann kommt man am Update nicht vorbei. Besonders bei den Festplatten sind in den letzten fünf Jahren immer neue Sprünge in der Kapazität gemacht worden. Waren Mitte der 90er noch 2 GByte als Maximum vorstellbar, wurde man mittlerweile eines Besseren belehrt. Heute sind Platten bis 80 GByte schon fast Grundausstattung.

Das BIOS musste in den letzten Jahren immer weiter ausgebaut werden, um beispielsweise die neuen Kapazitätsgrenzen der Festplatten adressieren zu können. Es gibt die 1.024-Zylinder-Grenzen, die 2-GByte-Grenze, die 4,2-GByte-Grenze usw. Heutzutage oft anzutreffen ist die 32-GByte-Grenze und die 128-GByte-Grenze. Die bedeutet, dass das BIOS nur Festplatten-Kapazitäten bis 32 GByte bzw. 128 GByte adressieren kann. Im Normalfall sollte dann der Rest der Festplatte nicht adressierbar sein. So kommt es bei den AMI-BIOS bis Juni 1999 vor, dass beim Einbau einer Platte, die größer als 32 GByte ist, das System in der Startphase hängen bleiben kann. Schauen Sie einfach einmal auf der Internetseite des Herstellers Ihres Mainboards vorbei. Zu den dort angebotenen BIOS-Updates wird auch immer eine Liste

8. Die häufigsten Fehlermeldungen und wie Sie sie überwinden

angezeigt, in der beschrieben wird, welcher Fehler bereinigt wurde oder welche Hardwareunterstützung hinzugefügt worden ist. Interessant sind auch die Support-Seiten, sofern der Hersteller welche anbietet. Hier können Sie nachlesen, mit welchen Problemen andere Anwender beschäftigt waren und wie diese Probleme gelöst worden sind. Vielleicht ist ja auch Ihr Hardwareproblem dabei.

Die wichtigsten Mainboard-Hersteller

Hersteller	Internetseite
Abit	http://www.abit.com
Aopen	http://www.aopen.com.tw
Asus	http://www.asus.com
Biostar	http://www.biostar.com.tw
Chaintech	http://www.chaintech.com.tw
Elitegroup	http://www.ecs.com.tw
Epox	http://www.elito-epox.com
FIC	http://www.fic.com.tw
Gigabyte	http://www.gigabyte.de
MSI	http://www.msi.com.tw
Promise	http://www.promise.com
Siemens-Nixdorf	http://www.siemens.de
Shuttle	http://www.spacewalker.com
Soltek	http://www.soltek.com.tw
Soyo	http://www.soyo.com.tw
Tyan	http://www.tyan.com

32-GByte-Grenze

Auch diese Grenze hat etwas mit dem BIOS zu tun. Einige BIOS-Versionen können maximal 32 GByte adressieren. Einige BIOS-Versionen sind so eingestellt, dass sie maximal Festplatten auf 65.535 Zylinder adressieren können. Damit können maximal Festplatten bis zu einer Größe von 32 GByte adressiert werden. Besonders das beliebte Award BIOS, das bis zum Juni 1999 verbaut worden ist, weist die 32-GByte-Grenze auf. Sie sollten deshalb unbedingt auf der Internetseite Ihres Mainboard-Herstellers nachsehen, ob ein neues BIOS zum Download bereitsteht. Meistens nämlich bleiben die älteren Award-BIOS-Versionen bei einer unpartitionierten Festplatte über 32 GByte beim Bootvorgang hängen. Wenn Sie Linux installieren möchten, dann achten Sie darauf, dass Sie einen Kernel nach 2.2.10 haben, da sonst auch die Partitionsgröße auf 32 GByte begrenzt ist.

MBR/Bootsektor reparieren und die Wiederherstellungskonsole einsetzen

MBR (Master Boot Record)

Wenn der PC gestartet wird, dann ist zunächst einmal nur das BIOS als Programm vorhanden. Das BIOS sucht dann das Bootdevice. Handelt es sich um die Festplatte, dann versucht das BIOS, auf der ersten Festplatte (Master) am primären IDE-Kanal den MBR zu finden. Der MBR ist der erste Sektor auf Spur 0 und Seite 0 einer Festplatte. In diesem Sektor befindet sich das Systemstartprogramm, das den Bootsektor der aktiven Partition lädt und somit das Betriebssystem einliest und startet. Auch stehen dort Informationen darüber, wie die Platte partitioniert ist.

Sector	Offset	Hex values	Ascii values
x00000000	x000	33 C0 8E D0 BC 00 7C FB 50 07 50 1F FC BE 1B 7C	3·À·Ð·¼.· |û P. P. ü·¾·.·
0	x010	BF 1B 06 50 57 B9 E5 01 F3 A4 CB BD BE 07 81 04	¿. . PW¹·å· ó·¤·Ë·½·¾·.··
	x020	38 6E 00 7C 09 75 13 83 C5 10 E2 F4 CD 18 8B F5	8n.|·.u·.·Å·.·âô·Í·.·õ
	x030	83 C6 10 49 74 19 38 2C 74 F6 A0 B5 07 B4 07 8B	·Æ·.I t·.8,t ö ·µ·.·´·.
	x040	F0 AC 3C 00 74 FC BB 07 00 B4 0E CD 10 EB F2 88	ð·¬<.tü».·.·´.Í·.ëò··
	x050	4E 10 E8 46 00 73 2A FE 46 10 80 7E 04 0B 74 0B	N.è F.s*þ F.·~·.·.t·
	x060	80 7E 04 0C 74 05 A0 B6 07 75 D2 80 46 02 06 83	·~·.t· ·¶·.uÒ· F·.·
	x070	46 08 06 83 56 0A 00 E8 21 00 73 05 A0 B6 07 EB	F·.·V·.·è!·.s· ·¶·.ë
	x080	BE 81 3E 7E 7D 55 AA 74 0B 80 7E 10 00 74 C8 A0	¾·>·}U·t·.·~·.·tÈ
	x090	B7 07 EB A9 8B FC 1E 57 8B F5 CB BF 05 00 8A 56	·.ë·©·ü.·W·õË¿·.·V
	x0A0	00 B4 08 CD 13 72 23 8A C1 24 3F 98 8A DE 8A FC	.·.Í·r#·Á$?··Þ·ü
	x0B0	43 F7 E3 8B D1 86 D6 B1 06 D2 EE 42 F7 E2 39 56	C·ã·Ñ·Ö±·Òî B·â9V
	x0C0	0A 77 23 72 05 39 46 08 73 1C B8 01 02 BB 00 7C	.w#r·9 F·s·¸·.»·|
	x0D0	8B 4E 02 8B 56 00 CD 13 73 51 4F 74 4E 32 E4 8A	·N·.·V.Í·sQ Ot N2ä·
	x0E0	56 00 CD 13 EB E4 8A 56 00 60 BB AA 55 B4 41 CD	V.Í·ëä·V.`»·U´A Í
	x0F0	13 72 36 81 FB 55 AA 75 30 F6 C1 01 74 2B 61 60	·r6·ûU·u0öÁ·t+a`
	x100	6A 00 6A 00 FF 76 0A FF 76 08 6A 00 68 00 7C 6A	j.j.ÿv·ÿv·j.h.|j
	x110	01 6A 10 B4 42 8B F4 CD 13 61 61 73 0E 4F 74 0B	·j·´ B·ôÍ·aas· Ot·
	x120	32 E4 8A 56 00 CD 13 EB D6 61 F9 C3 55 6E 67 81	2äV.Í·ëÖ aùÃ Ung·
	x130	81 6C 74 69 67 65 20 50 61 72 74 69 74 69 6F 6E	·l t i ge Part it i on
	x140	74 61 62 65 6C 6C 65 00 46 65 68 6C 65 72 20 62	t abe l l e. Fehler b
	x150	65 69 6D 20 4C 61 64 65 6E 20 64 65 73 20 42 65	e im Laden des Be
	x160	74 72 69 65 62 73 73 79 73 74 65 6D 73 00 42 65	t r i ebssys t ems. Be
	x170	74 72 69 65 62 73 73 79 73 74 65 6D 20 6E 69 63	t r i ebssys t em nic
	x180	68 74 20 76 6F 72 68 61 6E 64 65 6E 00 00 00 00	ht vorhanden.
	x190	00 00 00 00 00 00 00 00 00 00 00 00 00 00 00 00	
	x1A0	00 00 00 00 00 00 00 00 00 00 00 00 00 00 00 00	
	x1B0	00 00 00 00 00 2C 48 6E 69 2E 00 00 00 80 01 01	.,Hné..
	x1C0	01 00 0B FE 7F 3F 00 00 00 3F 04 7D 00 00 00 00	.·.·þ·?...?·}....
	x1D0	41 FE 0F FE FF FF 7C 04 7D 00 84 66 E3 01 00 00	Aþ·þÿÿ|·}.·
	x1E0	00 00 00 00 00 00 00 00 00 00 00 00 00 00 00 00	
	x1F0	00 00 00 00 00 00 00 00 00 00 00 00 00 00 55 AA	U·
x00000001	x000	50 51 56 45 01 EE 80 BA 02 03 00 00 00 0A 86 8D	PQVE·î··.....··
1	x010	01 0B 86 8D 01 0C 86 8D 01 0D 86 8D 01 0E 86 8D	.·.·.·.·.·.·.·
	x020	01 0F 86 8D 01 10 86 8D 01 11 86 8D 01 12 86 8D	.·.·.·.·.·.·.·

liest und startet. Auch stehen dort Informationen darüber, wie die Platte partitioniert ist.

Wiederherstellungskonsole einsetzen

Windows XP wird mit der Wiederherstellungskonsole ausgeliefert. Mithilfe dieser Konsole können Sie das System wiederherstellen, den MBR herstellen etc. Wir zeigen Ihnen nun, wie die Wiederherstellungskonsole gestartet wird. In den nachfolgenden Anleitungen und Beschreibungen wird dann gezeigt, wie die Wiederherstellungskonsole zum Wiederherstellen des Systems eingesetzt wird.

1 Die Wiederherstellungskonsole wird entweder von der Boot-CD aus oder über die Bootdisketten gestartet. Wie Sie diese Bootdisketten erhalten, haben wir in dem Kapitel „Wenn der Rechner nicht will: Startdiskette erstellen" beschrieben.

2 Das Setup wird gestartet. Drücken Sie dann die R-Taste, um die Wiederherstellungskonsole zu starten.

3 Wenn Sie *Help* eingeben, dann werden Ihnen alle möglichen Befehle angezeigt, die mit der Wiederherstellungskonsole eingesetzt werden können. Ein paar dieser Befehle werden in den nachfolgenden Anleitungen verwendet.

4 Wenn Sie einen Befehl mit /? eingeben, dann werden alle Optionen zu diesem Befehl angezeigt. Außerdem wird eine Kurzbeschreibung zu dem eingegebenen Befehl angezeigt. Der Befehl selbst wird aber hierdurch nicht ausgeführt. In unserer Grafik haben wir die Hilfe zum Befehl *fixmbr* angefordert.

In dieser Liste haben Sie alle Befehle der Wiederherstellungskonsole auf einen Blick.

Befehl	Beschreibung
Attrib	Ändert die Attribute einer Datei oder eines Verzeichnisses.
Batch	Führt die Befehle aus, die in der Textdatei aufgeführt sind.
Bootcfg	Durchsucht alle Festplatten nach Windows-Installationen.
ChDir (Cd)	Zeigt den Namen des aktuellen Verzeichnisses an oder wechselt das aktuelle Verzeichnis.
Chkdsk	Überprüft einen Datenträger und zeigt einen Statusbericht an.
Cls	Löscht die Bildschirmanzeige.
Copy	Kopiert eine einzelne Datei in einen anderen Pfad.
Delete (Del)	Löscht eine oder mehrere Dateien.
Dir	Zeigt eine Liste der Dateien und Unterverzeichnisse in einem Verzeichnis an.
Disable	Deaktiviert einen Systemdienst oder einen Gerätetreiber.
Diskpart	Verwaltet Partitionen auf den Festplatten.
Enable	Startet oder aktiviert einen Systemdienst oder einen Gerätetreiber.
Exit	Beendet die Wiederherstellungskonsole und startet den Computer neu.
Expand	Extrahiert eine Datei aus einer komprimierten Datei.
Fixboot	Schreibt einen neuen Partitionsbootsektor auf der Systempartition.
Fixmbr	Repariert den MBR (Master Boot Record) des Partitionsbootsektors.
Format	Formatiert einen Datenträger.
Help	Zeigt eine Liste der Befehle an, die in der Wiederherstellungskonsole zur Verfügung stehen.
Listsvc	Zeigt eine Liste der auf dem Computer verfügbaren Dienste und Treiber an.
Logon	Meldet sich bei einer Windows 2000-Installation an.
Map	Zeigt die Laufwerkzuordnung an.
Mkdir (Md)	Erstellt ein Verzeichnis.
More	Zeigt eine Textdatei an.
Rename (Ren)	Benennt eine einzelne Datei um.
Rmdir (Rd)	Löscht ein Verzeichnis.
Set	Zeigt Umgebungsvariablen an und ändert diese.
Systemroot	Setzt als aktuelles Verzeichnis das Verzeichnis des Systems, bei dem Sie derzeit angemeldet sind.
Type	Zeigt eine Textdatei an.

MBR wiederherstellen

Der MBR kann beispielsweise beim Erstellen eines Multiboot-Systems gelöscht oder beschädigt werden. Nun ist es wichtig, den MBR wiederherzustellen. Gehen Sie hierzu wie folgt vor:

Windows 98/ME

- Booten Sie das System von der Startdiskette.
- Geben Sie den Befehlt „fdisk /mbr" ein.

Windows XP

- Starten Sie Windows XP über die Notfallkonsole.
- Geben Sie den Befehl „Fixmbr" ein.

Bootsektor wiederherstellen

Windows XP verwendet einen speziellen Bootsektor, der nicht mit den üblichen DOS-Formatierprogrammen wie *Format.com* erstellt werden kann. Hier müssen Sie über die Wiederherstellungskonsole gehen, um den Bootsektor wiederherzustellen.

Windows 98/ME

- Booten Sie das System von der Startdiskette.
- Geben Sie den Befehlt „Sys C:" ein.

Windows XP

- Geben Sie den Befehl „Fixboot c:" in der Wiederherstellungskonsole ein.

Bootsektor (Partitionsbootsektor)
Innerhalb des ersten Sektors einer Partition liegt der Bootsektor. In ihm befindet sich die so genannte Bootroutine. Die Bootroutine hat die Aufgabe, das eigentliche Betriebssystem zu laden.

Festplatte prüfen mit Windows XP

Sie können Ihre Festplatte mit der Wiederherstellungskonsole prüfen lassen. Hierzu wir der folgende Befehl verwendet:

```
CHKDSK X: /P /R
```

X steht für das ausgewählte Laufwerk. Die Parameter /P und /R sind optional. Mit /P werden eventuell gefundene Fehler korrigiert. Außerdem veranlasst /P, dass die Festplatte in jedem Fall gründlich geprüft wird. Die Option /R sucht nach fehlerhaften Sektoren und stellt diese wieder her. Die Verwendung der Option /R impliziert die Verwendung der Option /P.

Windows-Installationen suchen

Windows XP wird über das Bootmenü gestartet. Der Inhalt dieses Menüs befindet sich in der Datei *Boot.ini* auf dem Bootlaufwerk. Sind die Einträge in dieser Datei nicht mehr korrekt, weil Sie beispielsweise die Partition verschoben haben, dann kann Windows XP auch nicht starten. Sie können aber mithilfe der Wiederherstellungskonsole die Windows XP-Installation suchen lassen. Der Befehl lautet:

```
BOOTCFG /ADD
```

Mit diesem Befehl werden alle Windows-Installationen gesucht und anschließend dem Startmenü hinzugefügt. Sie werden aufgefordert, jeder gefundenen Installation einen Namen zu geben. Diese Benennung können Sie später unter Windows XP wieder ändern, indem Sie die Datei *Boot.ini* auf Laufwerk C: editieren.

Abteilung Diskettenfehler

Ich erhalte beim Formatieren einer Start-Notfalldiskette permanente Fehlermeldungen

Hier können in der Tat mehrere Fehlerquellen möglich sein. Deshalb zeigen wir Ihnen nachfolgend die am häufigsten auftretenden Fehler:

1. Die Disketten haben eine schlechte Qualität

Versuchen Sie, mehrere Disketten zu formatieren. Wenn möglich von verschiedenen Herstellern. Stellen Sie dabei fest, dass einige Disketten sich sehr gut und ohne Fehler formatieren lassen, während andere Disketten sehr schlecht zu formatieren sind, dann haben Sie teilweise schlechte Qualität eingekauft. Versuchen Sie in einem solchem Fall nicht, die schlechten Disketten um jeden Preis zu nutzen. Es würde Ihnen nur Verdruss bereiten. Einige Disketten könnten vielleicht noch formatiert werden, jedoch haben Sie dann nicht die volle Kapazität zur Verfügung, da fehlerhafte Sektoren beim Formatieren als belegt gekennzeichnet werden. Die kann Ihnen später jede Menge Verdruss bereiten, wenn Sie beispielsweise ein Backup oder die Einstellungen von Windows XP sichern möchten. Die automatischen Assistenten würden eine 1,44-Zoll-Diskette anfordern, Sie würden die mit fehlerhaften Sektoren markierte Diskette einlegen und die Assistenten melden Ihnen, dass der Speicherplatz nicht ausreicht. Deshalb nur ein Tipp: Schmeißen Sie schlechte Disketten in den Sondermüll.

Noch ein Hinweis: Formatieren Sie Disketten, wenn möglich, immer komplett und nicht im Schnelldurchlauf, auch Schnellformatierung genannt. Bei dieser Art der Formatierung wird nämlich nur das Inhaltsverzeichnis gelöscht. Die Diskette selbst wird also nicht formatiert. Deshalb schalten Sie diese Funktion bei alten oder vom Freund bekommenen Disketten ab. Klicken Sie hierzu auf *Schnellformatierung* (Windows XP) bzw. *Quick Format* (Windows 98/ME), damit der Haken verschwindet. Windows 98-Anwender müssen hingegen die Funktion *Vollständig* anklicken.

Sie wissen doch noch, wie das Formatierungsmenü aufgerufen wird? Einfach im Fenster *Arbeitsplatz* mit der rechten Maustaste auf *3.5-Diskette (A:)* klicken. Es erscheint ein Kontextmenü, aus dem Sie den Eintrag *Formatieren* auswählen.

2. Sie haben DD-Disketten erworben

Eigentlich sind sie ein Fossil aus längst vergangenen Tagen der Computerära, so genannte **D**ouble-**D**ensity-Disketten, kurz DD-Disketten genannt. Diese Disketten haben eine Speicherkapazität von 720 KByte. Eigentlich sollte Sie das ja nicht weiter stören, da es heute ja nur noch die so genannten HD (**H**igh**D**ensity)-Disketten gibt. Aber in manch einem Computerschrank liegen solche Disketten noch verborgen herum. Es gibt zwei Unterscheidungsmerkmale zwischen DD und HD. Sehen Sie sich die linke untere Ecke der Diskette an. Ist dort

das HD-Logo eingedruckt, wie es im Foto abgebildet ist, dann handelt es sich auch um eine HD-Diskette. Außerdem fehlt DD-Disketten in der einen oberen Ecke ein Loch.

Bootdiskette bootet nicht

Für dieses Phänomen kommen zwei Möglichkeiten in Frage. Zum einen kann es sein, dass Sie die Diskette nicht bootfähig gemacht haben. Sie müssen hierzu vor dem Formatieren die Option *MS-DOS-Startdiskette erstellen* (Windows XP) anklicken. Bei Windows 98/ME klicken Sie die Option *Systemdateien kopieren* an. Unter Windows 98/ME können Sie übrigens jede Diskette über den MS-DOS-Modus bootfähig machen. Geben Sie den Befehl „SYS A:" ein. Dann werden auch im MS-DOS-Modus alle Systemdateien übertragen.

Wenn Sie alles richtig gemacht haben, der Rechner trotzdem aber nicht von der Diskette bootet und es den Anschein hat, als ob überhaupt nicht auf das Diskettenlaufwerk zugegriffen wird, dann sollten Sie einen Ausflug in das BIOS wagen. Sehen Sie sich dort den Eintrag für die so genannten Bootdevices an. Unter den verschiedenen BIOS-Versionen der einzelnen Firmen finden Sie verschiedene Bezeichnungen für das Bootdevice. So kann dort auch *First Boot-Device* stehen. Sie müssen dort als Start-

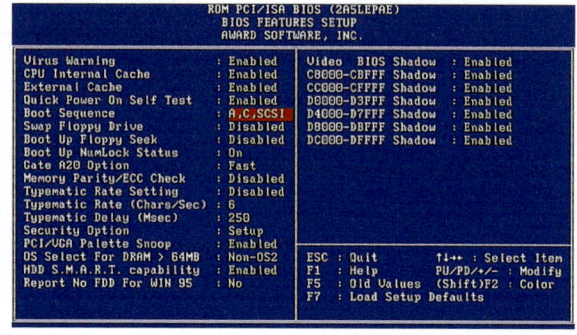

Device das Diskettenlaufwerk A: angeben. Einige BIOS-Versionen schlagen auch eine Bootreihenfolge vor. Auch in diesem Fall muss als Erstes dieser Bootreihenfolge das Diskettenlaufwerk angegeben werden.

Nach Diskettenwechsel bleibt der Inhalt gleich

Sie wechseln die Diskette aus, aber merkwürdigerweise ändert sich der Inhalt des Fensters für Laufwerk A: nicht. Beachten Sie, dass eine Diskette ein Wechselmedium ist. Windows überprüft nicht, ob dieses Medium ausgetauscht wird. Wenn Sie das Fenster für das Diskettenlaufwerk schlie-

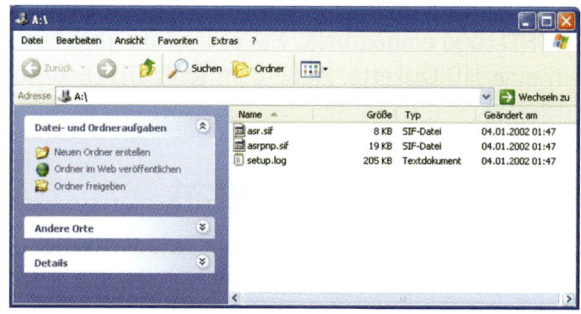

ßen, anschließend die Diskette wechseln, um dann per Mausdoppelklick das Fenster für das Diskettenlaufwerk wieder zu öffnen, dann wird auch der Diskettenwechsel erkannt. Sie sehen dann den aktuellen Inhalt des Diskettenlaufwerks. Als Alternative bietet sich die Aktualisierung über die F5-Taste an. Diese Taste drücken Sie, sobald Sie die Diskette ausgewechselt haben. Hierdurch wird das Inhaltsverzeichnis der Diskette neu ausgelesen.

Das Diskettenlaufwerk als Leuchtturm – oder warum diese Lampe immer brennt

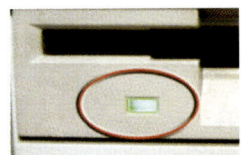

Vielleicht ist es Ihnen nie aufgefallen, dass das Diskettenlaufwerk überhaupt nicht funktioniert. Heutzutage werden ja die neuen Softwareprodukte ausschließlich auf CDs oder via Internet auf den heimischen Rechner überspielt. Wenn Sie aber Partitionen einrichten oder Ihren Rechner mit einer Diskette booten möchten, dann ist das Diskettenlaufwerk lebenswichtig für die Vitalität Ihres Rechners. Stellen Sie sich vor, Sie müssen von Ihrem Freund oder Nachbarn eine Startdiskette besorgen, da Ihre Startdiskette durch das Diskettenlaufwerk zerstört worden ist. Dies kann Ihnen nämlich passieren, wenn das Kabel für das Laufwerk falsch herum an das Laufwerk angeschlossen worden ist. Die neuen Laufwerkkabel sind so ausgelegt, dass sie nur in eine Richtung passen, bei den älteren Kabeln ist dies jedoch nicht der Fall. Sollte also die Laufwerklampe permanent leuchten, dann müssen Sie wohl oder übel den Rechner aufschrauben.

Achten Sie hierbei auf die Garantiebestimmungen des Herstellers. Kontrollieren Sie zuerst, ob das Kabel am Mainboard und am Diskettenlaufwerk richtig angeschlossen ist. Drücken Sie gegen die Kabelenden. Ist das Kabel richtig befestigt, dann achten Sie auf ein kleines Dreieck am Stecker, das auf dem Mainboard auf Pin 1 zeigen muss. Dieser Pin 1 ist meistens auf der Platine unter oder neben der Steckerleiste mit einer 1 eingedruckt.

Stichwortverzeichnis

Stichwortverzeichnis

Wenn Sie an dieser Seite ange- langt sind ...

Ihre Ideen sind gefragt!

Vielleicht möchten Sie sogar selbst als Autor bei

DATA BECKER
mitarbeiten?

Wir suchen Buch- und Software- Autoren. Wenn Sie über Spezial-Kenntnisse in einem bestimmten Bereich verfügen, dann fordern Sie doch einfach unsere Infos für Autoren an.

Bitte einschicken an:
DATA BECKER
GmbH & Co. KG
Postfach 10 20 44
40011 Düsseldorf

Sie können uns auch faxen:
(02 11) 3 19 04 98

DATA BECKER
Internet: http://www.databecker.de

dann haben Sie sicher schon auf den vorangegangenen Seiten gestöbert oder sogar das ganze Buch gelesen. Und Sie können nun sagen, wie Ihnen dieses Buch gefallen hat. Ihre Meinung interessiert uns!

Uns interessiert, ob Sie jede Menge „Aha-Erlebnisse" hatten, ob es vielleicht etwas gab, bei dem das Buch Ihnen nicht weiterhelfen konnte, oder ob Sie einfach rundherum zufrieden waren (was wir natürlich hoffen). Wie auch immer – schreiben Sie uns! Wir freuen uns über Ihre Post, über Ihr Lob genauso wie über Ihre Kritik! Ihre Anregungen helfen uns, die nächsten Titel noch praxisnäher zu gestalten.

Was mir an diesem Buch gefällt: _____
_____
_____

Das sollten Sie unbedingt ändern: _____
_____

Kommentar zur SchnellAnleitung: _____
_____

442 241

☐ Ja Ich möchte DATA BECKER Autor werden. Bitte schicken Sie mir die Infos für Autoren.

☐ Ja Bitte schicken Sie mir Informationen zu Ihren Neuerscheinungen

Name, Vorname _____

Straße _____

PLZ, Ort _____